Josef   Collin

Untersuchungen über Goethes Faust in seiner ältesten Gestalt

Josef   Collin

Untersuchungen über Goethes Faust in seiner ältesten Gestalt

ISBN/EAN: 9783337199531

Hergestellt in Europa, USA, Kanada, Australien, Japan

Cover: Foto ©Thomas Meinert / pixelio.de

Weitere Bücher finden Sie auf **www.hansebooks.com**

I. DER ERSTE MONOLOG UND DIE ERDGEISTSCENE.

INAUGURAL-DISSERTATION ZUR ERLANGUNG
DER DOCTORWÜRDE BEI DER HOHEN
PHILOSOPHISCHEN FAKULTÄT DER GROSSH.
LUDEWIGS-UNIVERSITÄT GIESSEN

EINGEREICHT VON J. COLLIN.

GIESSEN, 1892.

VORBEMERKUNG.

Zuletzt sind die Verdienste sein und unser sind die Fehler.

(Hebbel im Prolog zu Goethes hundertjähriger Geburtstagsfeier.)

Durch die Auffindung der Göchhausenschen Abschrift des Faust ist für die Faustforschung ein fester Boden geschaffen worden. Wir haben jetzt einen bestimmten Bestand von Scenen vor uns, von denen wir wissen, daß sie vollendet waren, als Goethe Ende 1775 nach Weimar kam. Nicht ausgeschlossen ist allerdings, daß nicht auch noch anderes, Entworfenes, kurz Angedeutetes, vielleicht gar mehr oder weniger Ausgeführtes in jener eigentümlichen Urhandschrift vorhanden war, die Goethe an der bekannten Stelle seiner Italienischen Reise unter dem 1. März 1788 beschreibt[1]. Man darf wohl als sicher annehmen, daß dieses Manuscript der Abschreiberin nicht zugänglich war, sondern ihr eben auch nur eine Abschrift vorlag, die der Dichter daraus zum Vorlesen oder zur Verbreitung in Freundeskreisen angefertigt hatte, wobei natürlich nur ausgeführte Scenen aufgenommen wurden.

Aber noch einen anderen Gewinn hat Erich Schmidts Fund uns gebracht. Ein glücklicher Zufall macht es hier einmal möglich, auf die bis dahin geübte Faustforschung die Probe zu machen. Dabei hat sich denn für jeden, der sich nicht dagegen verblendet, ergeben, daß die Methode dieser Forschung einer gründlichen Nachprüfung bedürfe. Man hatte ohne weiteres eine anderswo beliebte, schon an und für sich bedenkliche Methode auf den Faust angewandt und mit ihr, sehr wenig im Geiste des Dichters, dem ein Zerteilen

4

und Zerstückeln ganz und gar nicht gemäß war, sein Werk, das ja allerdings mit doppelter Unterbrechung zu verschiedenen Zeiten begonnen, weitergeführt und vollendet worden ist, noch außerdem in verschiedene, angeblich nicht zusammengehörige Teile zerrissen. Die ganze Einseitigkeit dieses Verfahrens offenbart sich besonders in der Art, wie z.B. Scherer den Eingangsmonolog zerpflückt.

Wir sind nun belehrt, daß wir ein Gedicht noch von anderen Gesichtspunkten aus betrachten müssen als den äußerlichen des Stils und des Metrums, daß wir tiefer und liebevoller in den Gedankengang des Dichters eindringen müssen und nicht sofort, wenn uns das Verständnis einer Stelle oder des Zusammenhangs nicht klar entgegentritt, es dem Dichter zurechnen und Widersprüche, aufgegebene Pläne u.a.m. annehmen dürfen. Erst durch tiefes Eindringen in das Kunstwerk ist aus ihm selbst die Methode seiner Betrachtung und Erklärung zu gewinnen: es ist verfehlt, irgend eine anderswo zu entnehmen und sie, ohne die Eigenart des Werkes zu beachten, darauf zu übertragen.

Im folgenden soll der Versuch gemacht werden, den ältesten Faust auf seinen Gedankengehalt zu prüfen, ihn mit den übrigen Werken des Dichters und sonstigen Äußerungen seines Geistes aus jenen Jahren in Verbindung zu setzen und so einen Überblick über die geistige Entwicklung des jungen Goethe zu gewinnen.

Von hier aus wird sich denn die Möglichkeit ergeben, die Entstehungszeit der einzelnen Scenen näher zu bestimmen, vor allem aber hineinzublicken in das schöpferische Innere des Dichters, um ihn bei dem Schaffen seiner Gestalten zu belauschen. Was soll es dagegen viel helfen, wie man es gethan hat, einen Haufen Parallelstellen aus seinen und seiner Zeitgenossen Werken hinzuschütten und nur aus dem rohen Gleichklang der Worte, der Ähnlichkeit der Bilder, die Gleichzeitigkeit von einzelnen Scenen mit jenen zu beweisen? Eine Geschichte des Geistes des Dichters, seiner inneren Entwicklung muß versucht, seine Berührungen und seine Verwandtschaft mit den Geistern seiner Zeit aufgedeckt, die Gedanken des Dichters in ihrer Zugehörigkeit zu seinen und seiner Zeit Gedankenkreisen betrachtet werden. Das Gewebe darf nicht zerrissen, vielmehr muß seinem inneren Zusammenhang, dem Verlauf der Fäden eingehend nachgeforscht werden.

Der Eingangsmonolog, die Erdgeistscene, die Wagner- und die Schülerscene, die Scene in Auerbachs Keller, ein großer Teil der Gretchentragödie sind jetzt als ein Werk des jungen Goethe erwiesen. Der älteste Faust tritt also damit als ein wichtiges Glied in die Reihe der Jugendwerke ein. Sein innerer Zusammenhang mit jenen soll daher im folgenden nachgewiesen und so ein fester Boden gewonnen werden zur Erklärung und zeitlichen Festsetzung der einzelnen Hauptteile des ältesten Faust, über deren Entstehungszeit auch jetzt noch eine große Unklarheit herrscht. Auch die zeitgenössische Litteratur ist dabei heranzuziehen, vor allem der geistesverwandte Herder, dessen Verhältnis zu seinem großen Schüler ebenfalls der Klarstellung bedarf. Endlich wird dann auch die Untersuchung ergeben, welches der Grundgedanke der ältesten Dichtung sei, und von hier aus zu prüfen sein, ob der Dichter in den späteren Fortsetzungen damit eine wesentliche Änderung vorgenommen, oder ob er in gleichem Geiste weitergebaut und ausgebaut habe. Von der abgeschlossen vorliegenden Untersuchung kann hier nur ein Teil als Probe gegeben werden, der wiederum nur ein Teil der eingereichten Dissertation ist. Das Weitere wird bei nächster Gelegenheit folgen.

Goethes Werke u.s.w. sind angeführt nach der Weimarischen

Ausgabe, soweit sie bis jetzt erschienen ist; (G. Werke herausgeg. im Auftrage der Großherzogin Sophie von Sachsen; Weimar. Böhlau: 1) Werke. 2) Naturwissenschaftl. Schriften. 3) Tagebücher. 4) Briefe)—ferner nach Hirzels Sammlung: Der junge Goethe. Seine Briefe und Dichtungen von 1764-1776. Mit einer Einleitung von Michael Bernays. 3. Teile. Leipzig; Hirzel.—(D.j.G.)

Die Gespräche nach Biedermann: Goethes Gespräche, Bd. 1-9. Leipzig. F.W. v. Biedermann 1889-1891.

Die Frankfurter Gelehrten Anzeigen (F.G.A.) nach dem Neudruck Seufferts in den deutschen Litteraturdenkmalen des 18. Jahrhunderts. No. 7 u. 8.

Goethes Anteil an Lavaters Physiognomik nach E. von der Hellen, Goethes Anteil an Lavaters Physiognomischen Fragmenten. Frankfurt a. M. Litterarische Anstalt Rütten und Loening 1888. — (v.d.H.)

Im übrigen Goethes Werke nach der bei Hempel erschienenen Ausgabe (darin in Teil 20-23 v. Loepers Commentar zu Dichtung und Wahrheit.)

Herders Werke nach der von Suphan besorgten Ausgabe (Berlin, Weidmannsche Buchhandlung; seit 1877.)

Hamanns Schriften nach der Ausgabe von Fr. Roth; Berlin bei G. Reimer 1821 ff.

UNTERSUCHUNGEN ÜBER GOETHES FAUST IN SEINER ÄLTESTEN GESTALT.

Goethes Faust in seiner ältesten Gestalt, wie er uns jetzt seit Erich Schmidts glücklicher Entdeckung der Göchhausenschen Abschrift vorliegt[2], zerfällt in drei deutlich zu scheidende, unmittelbar auf einander folgende Hauptmassen. Es sind: 1) Der erste Monolog Fausts mit der Erdgeistscene: (V. 1-168 = 354-521). 2) eine Reihe von Scenen, die mit einander gemein haben, daß sie auf akademische Zustände ein satirisches Licht werfen. Die erste von ihnen zeigt uns den Professor Faust mit seinem Famulus Wagner: sie ist unmittelbar mit der ersten Hauptmasse verbunden. (V. 109-248 = 522-605.) Darauf folgt jedoch ohne anderen als inneren Zusammenhang die Schülerscene. (V. 249-444 = 1868-2050). Der Teufel in des Professors Maske belehrt den jungen Studenten. Eine dritte Scene (V. 445-452, von da in Prosa. Z. 1-210 mit Liedern untermischt = V. 2073-2336) führt mitten hinein in das rohe, geistlose Treiben akademischer Jugend. Doch gehört die Scene in Auerbachs Keller im übrigen in einen neuen Zusammenhang; sie ist die erste Station auf Fausts Welt- und Lebensfahrt. In diese Scenenreihe hätte, wenn sie ausgeführt worden wäre, die Disputationsscene gepaßt. (Paralip. 11. 12.)[3] Der Doctorschmaus (V. 1712) hätte sich an sie angeschlossen. Jedenfalls hatte also der Dichter ursprünglich dem akademischen Leben und Treiben, auf dessen Boden ja sein Held zunächst stand, von dem er losgerissen werden sollte, eine ausführlichere Behandlung zugedacht. 3) Die Gretchentragödie, das im ältesten Faust am meisten ausgeführte und daher auch räumlich bedeutendste Stück; sie beginnt mit der ersten Begegnung von Faust und Gretchen und endet mit der Kerkerscene. (V. 458-1435; danach zwei Scenen in Prosa Z. 1-66 und 1-112, unterbrochen durch die Verse 1436-1441; = 2605-3216; 3342-3369; 3374-3659; 3776-3834. Z. 1-81; 4399-4612.) Eine einzige Scene des ältesten Faust wurde später ganz fallen gelassen; es ist die kleine Übergangsscene vor der Gretchentragödie (Landstraße. 453-456); alle übrigen finden sich, wenn auch teils verändert, teils umgedichtet im Fragment von 1790[4] und in der Ausgabe von 1808 wieder.

1. Der erste Monolog und die Erdgeistscene.

Die erste Hauptmasse gliedert sich wieder in verschiedene Teile; nämlich V. 1-32 = 354-385; eine Art von Prolog, um uns über Vorgeschichte und Sage Fausts aufzuklären.—V. 33-65 = 386-418; ein lyrischer Erguß, der Fausts Sehnsucht nach der Natur und seiner Erkenntnis, in welch unnatürliche Verhältnisse er selbst eingeschlossen sei, tief empfundenen Ausdruck verleiht. V. 66-106 = 419-459: Faust wendet sich dem Zauberbuch zu; die Wirkung des Zeichens des Makrokosmus.—V. 107-160 = 460-513: Die Erdgeistscene. Darauf folgen als Abschluß und Übergang zu der Wagnerscene die Verse 161-168 = 514-521. In welchem Zusammenhang stehen nun diese vier Teile? Was enthalten sie? Was kann ihr Inhalt uns sagen, um die Zeit ihrer Entstehung näher zu bestimmen?

Der erste Teil hält sich in der Hauptsache an die Überlieferung der Sage von Dr. Faust, wie sie uns im Volksbuch[5] und Volksschauspiel[6] entgegentritt. Faust hat alle Wissenschaften durchstudiert, ohne Befriedigung für seinen Erkenntnisdrang zu finden; er hat sich darum der

Magie ergeben, um auf diesem Wege zu seinem Ziele zu gelangen. Er hält im Anfang eine Überschau über seine Studien, es ist dies ein Motiv, das in der Litteratur durchaus volkstümlich geworden war. Im ältesten Volksbuch (1587) ist Faust ursprünglich Theologe, um dann Dr. Medicinae, Astrologus und Mathematicus zu werden; ebenso in dem späteren Auszug des christlich Meinenden. Im Volksschauspiel hat er jede Fakultät und alle nur denkbaren Wissenschaften studiert. Bei Marlowe zuerst, dessen Dr. Faustus Goethe nicht kannte, werden die Wissenschaften einzeln aufgezählt, geprüft und verworfen. Ähnlich findet sich das Motiv in dem Spiel von Frau Jutten verwertet, ebenso auch z.B. bei Andrea in dem guten Leben eines rechtschaffenen Diener Gottes (mitgeteilt von Herder in den Briefen das Studium der Theologie betreffend,[7]) S. 103 und mit Fischartischer Wortspielerei Seite 108. Ursprünglich schloß es sich an das Trivium und Quadrivium, später an die vier Fakultäten an. Dies alte volkstümliche Motiv zu benutzen, lag dem Dichter um so näher, da er ähnliches selbst erlebt hatte. Auch er hatte sich in allem Wissen umhergetrieben; in Straßburg hatte er sich neben seinem Fachstudium mit der Medizin beschäftigt. Seine Dissertation berührte sich mit dem Gebiete der Theologie. In Frankfurt nahm er dann unter Hamanns und Herders Einfluß am Bibelstudium wie an theologischen Zeitfragen lebhaften Anteil. Das beweisen eine Reihe Recensionen in den Frankfurter Gelehrten Anzeigen des Jahres 1772, vor allem die beiden theologischen Schriften, die, im J. 1773 erschienen, zugleich den Abschluß einer religiösen Epoche Goethes bedeuten. Nicht ohne Bedeutung aber für die Zeitbestimmung—darauf mag schon hier im Zusammenhang hingewiesen werden—ist das »leider« auch die Theologie. Denn erst im Jahre 1773 wandte sich der junge Goethe entschieden von den rechtgläubigen, durch seine Beziehungen zu der Brüdergemeinde genährten

Anschauungen ab. Spinoza begann zu wirken (s. den Brief an Höpfner vom 7. Mai 1773[8]). Das Fragment Mahomet[9] zeigt zuerst den pantheistischen Einfluß. Die satirischen Dramen der lebensfreudigen Jahre 1773 und 1774 beweisen durch ihren Spott die Änderung, die in seinen Ansichten eingetreten war. Sein lebensfroher Pelagianismus, der mehr und mehr nach der düsteren Leidenszeit der zweiten Hälfte des Jahres 1772 in ihm erstarkt war, schüttelte unwillig die Fesseln des alten Glaubens ab. In prometheischem Übermut stellte er sich als selbständig der Gottheit gegenüber. In einer solchen Zeit kam ihm das »leider« aus vollem Herzen, wenn er auf frühere Bestrebungen und Meinungen zurückschaute.

Daß Faust überhaupt aber seine Studien als einen auf ihm lastenden Druck empfindet, dessen er nur seufzend gedenken mag, paßt weniger für den Gelehrten des 16. als für den Menschen des 18. Jahrhunderts, der sich grade von jener unfruchtbaren, starren, kleinlich polyhistorischen Gelehrsamkeit mehr und mehr zu befreien strebte[10]. Auch er hatte sich, wie der Dichter später erklärt, in allem Wissen herumgetrieben und war früh genug auf die Eitelkeit desselben hingewiesen worden.[11] Doch bewahrte ihn sein Lebensgang in der Jugend davor, allzusehr mit der Schulweisheit seiner Zeit in Berührung zu kommen, sodaß er etwa ihren lebenhemmenden Einfluß so empfunden hätte, wie z.B. Lessing und Herder. Der junge Lessing mußte sich erst durch den Wust der Excerptengelehrsamkeit und Collektaneenweisheit durcharbeiten zu der Erkenntnis, daß ihn die Bücher wohl gelehrt aber nimmermehr zu einem Menschen machen würden; und so ward aus dem Theologus ein Weltmensch, wie einst Dr. Faust. Herder aber trieb es gar hinaus aus der engen, eingeschränkten Sphäre in die Welt, das Leben. Wie beweglich klagt er im Journal seiner Reise vom Jahre 1769 über die verlorenen Jahre: »Ich wäre nicht ein Tintenfaß von gelehrter Schriftstellerei, nicht ein Wörterbuch von Künsten und Wissenschaften geworden, die ich nicht gesehen habe und nicht verstehe: ich wäre nicht ein Repositorium voll Papiere und Bücher geworden, das nur in die Studierstube gehört.«[12] Man sieht, Fausts Unbehagen und Unbefriedigung über das Unfruchtbare seiner Studien waren die des Jahrhunderts seines jungen Dichters[13].

Dagegen fehlt der Hinweis auf die wissenschaftlichen Grade (V. 7.-360.) nicht in der Überlieferung; bezeichnend hat jedoch der Dichter im ältesten Faust mit ihr eine kleine Änderung vorgenommen, während er im Fragment und der Ausgabe von 1808 wieder zu ihr zurückgekehrt ist. Statt des mittelalterlichen Magistertitels wird ursprünglich der mehr moderne Professortitel gebraucht. Denn offenbar hatte kurz nach den akademischen Jahren der junge Dichter noch mehr, als später ausgeführt wurde, die Absicht, auf das akademische Leben und Treiben grade seiner Zeit satirische Streiflichter zu werfen, was ja auch das Thema der zweiten Hauptmasse von Scenen ist. Daher ward von vornherein mehr Gewicht auf Fausts akademische Lehrthätigkeit gelegt. Das Treiben auf einer Universität, an der Faust wirkte, bildete einen Hintergrund, von dem der Held sich mehr und mehr loslösen, zu dem er in Gegensatz treten sollte. Die eigenen Erfahrungen des Dichters aus seinem Universitätsleben, vor allem aus dem Kampfjahr 1772, da er in den Frankfurter Gelehrten Anzeigen gegen trockene Schulweisheit und tote Buchstabengelehrsamkeit, gegen unhistorische Auffassung und lebenbeengende Spekulation unter Herders Fahnen gefochten, mit einer Scholastik, die wir uns gewöhnt haben, mittelalterlich zu nennen, obwohl sie nie ausstirbt, einen frischen, fröhlichen Krieg geführt hatte, verliehen diesem Teil seines Gemäldes kräftige, lebenswahre Farben.

Für Fausts Entschluß endlich, sich der Magie zu ergeben, bot ihm ebenfalls sein früheres Leben Beziehungen[14]. Hatte doch er, in dessen Geiste sich zwei Zeitalter bekämpften, sich selbst noch einst mit magischen Versuchen befaßt und sich ganz im Sinne der Alchemisten eine Weltanschauung gebildet.

Wir sehen danach, wie in diesem ersten Teile das vom Dichter Erlebte mit den überlieferten Zügen der Sage wohl in Einklang gebracht werden konnte. Wie gut die Verschmelzung gelungen sei, zeigt auch der ganze Charakter des kurzen Prologs; mehr altertümlich-kräftig mutet er uns an, besonders im Gegensatz zu der folgenden ganz modern-weichen Partie, als sollte sich gleich von Anfang der durchgehende grundsätzliche Unterschied zwischen dem Faust der Sage und dem des Dichters in zwei verschieden angeschlagenen Grundtönen offenbaren.

Keinen Anhalt dagegen gibt die Sage, wenn Faust es empfindet und ausspricht, daß er über die große Masse der Gelehrten weit hinausrage[15], ihm aber dafür auch fehle, woran sie sich freuen, nämlich bei aller Beschränkung der Glaube, sie wüßten etwas Rechtes, vermöchten die Menschen zu bessern und bekehren. Wie Sokrates den Sophisten gegenüber, die da glaubten, etwas zu sein ohne es zu sein, zu der Erkenntnis gekommen war, daß wir nichts wissen können, so auch hier Faust. Für ihn ist sie zunächst niederschmetternd, für den Philosophen des Altertums ward sie die erste Stufe, von ihr aus zu klaren Begriffen aufzusteigen. Sein Charakter hatte schon den jungen Goethe frühe zu dichterischer Darstellung gereizt. Die Lektüre von Platons Apologie, Hamanns Sokratischen Denkwürdigkeiten[16] hatten ihn ihm näher gebracht. Die Geschichte Gottfriedens von Berlichingen, in der er seinen Helden in mutigem, aber vergeblichem Kampfe gegen eine neue Zeit dargestellt hatte, war eben vollendet worden; da drängte sich ihm am Ende des Jahres 1771 der Plan zu einem Sokrates auf; nach dem Götz zog ihn das Bild eines Geisteshelden, von welchem Schlage ja auch Faust war, an; der heldenmütige Kampf gegen die feindlichen Mächte des Unverstands und des Scheins, gegen das »pharisäische Philistertum« sollte vorgeführt werden[17]. Es ward nicht ausgeführt. Was dem Dichter daraus lebendig blieb, ward von dem mächtigen Strom des Hauptwerkes aufgenommen, diente dem hierin mit Sokrates geistesverwandten Faust zur Charakteristik.

Faust entbehrt aber nicht nur der Freude, die die große Menge bei ihren Beschäftigungen empfindet, auch sonst mangelt seinem Leben jede äußere Zierde und jeder Glanz, die ihm, da er die Schranken seiner inneren Menschheit fühlt, eine Art von Ersatz bieten könnten für die innere Einschränkung des Menschen[18]; auch in seinem äußeren Leben ist ihm eine gewisse Freiheit der Bewegung nicht vergönnt: So empfindet er tief in seinem Inneren die Grenzen der Menschheit, und blickt er nach außen, so fühlt er sich auch hier in der Enge. »Es möcht kein Hund so länger leben!«—Der Vergleich mit Werther drängt sich hier von selbst auf. Was ihn kennzeichnet, ist das Gefühl, nie Befriedigung finden zu können. Ahnungen und Begierden sieht er in seinem Inneren, die in keinem Verhältnis stehen zu der Einschränkung der thätigen und forschenden Kräfte des Menschen. Als sich aber auch keine Aussicht zeigt, eine mächtige Leidenschaft, die ihn ganz erfüllt, zu befriedigen, vermag er nicht mehr länger zu leben und gibt sich den Tod.

Er hat jedoch ebenfalls bei seinem mächtigen inneren Ringen das deutliche Gefühl, daß er sich dadurch grade von der großen Masse der Menschen unterscheide, nicht minder aber sieht er ein, daß jenen dafür auch die Erkenntnis ihrer

Eingeschränktheit abgehe, und sie sich darum in den engen Grenzen ihres Daseins glücklich fühlen und es, so gut es geht, ausschmücken und verzieren, eine Freude, die ihm nie werden kann. Darum gibt es für den kranken Werther von Anfang an für all das nur einen Trost, im Herzen das süße Gefühl der Freiheit, und daß er diesen Kerker verlassen kann, wann er will[19].

Nicht Befriedigung finden zu können und endlich sogar da nicht, wo sie doch anderen gegeben ist, dazu die Enge des bürgerlichen Lebens, ein Motiv, das der Dichter noch weiter ausgestattet und verstärkt hat, um ausdrücklich damit die That seines Helden zu begründen, treiben Werther in den Tod. Daß für beides das Leben des Dichters reichlichen Stoff lieferte, braucht hier nicht weiter ausgeführt zu werden. Am schärfsten ausgeprägt erscheint der Gegensatz zwischen menschlichem Streben und den Kümmerlichkeiten und Plagen des gewöhnlichen Lebens noch einmal in Künstlers Erdenwallen vom Sommer 1774, hier aber, sehr bezeichnend für den durch den Werther innerlich befreiten Dichter, ausklingend in kräftige Trostworte an den klagenden und verzagenden Künstler[20].

Ausgangspunkt ist also im Werther wie im Faust das tiefe Problem von der Bedingtheit der menschlichen Natur gegenüber seinem unendlichen Streben, von dem daraus sich ergebenden inneren Freiheitsdrange; im Werther geht dieses Streben jedoch schließlich in die Form einer endlosen Leidenschaft über, die sich ein bestimmtes, einzelnes Ziel gesteckt hat: im Faust bleibt es auf das Höchste im Leben gerichtet; er findet die Kraft durch eine auf das Gebiet des Erreichbaren sich beschränkende, immer bedeutender werdende Thätigkeit Befriedigung zu suchen und das Unerforschliche für sich bestehen zu lassen. »Ich hatte nie die Idee, aus dem Sujet ein einzelnes Ganze zu machen,«

schreibt er an S. Laroche[21], da er Mitte Februar 1774 am Werther arbeitete. Allerdings nicht: denn sie war damals schon in seinem Geiste als der Keim vorhanden, aus dem sich der Faust bilden sollte. So deutet es nicht bloß auf einen äußeren Zusammenhang, sondern auf einen inneren, dem Dichter noch wohl bewußten, wenn er viel später zu Eckermann sagte: Der Faust entstand mit meinem Werther[22].

Werther tötet sich selbst; Faust sucht zunächst noch einen Ausweg, um zu seinem Ziele zu gelangen: er ergibt sich der Magie, wie es die Sage vorgezeichnet hatte. Was hofft er durch sie zu erlangen? Erkenntnis dessen, was die Welt in ihrem Innersten zusammenhält, d.h. also das geistige Band der Schöpfung, das schöpferisch fortwirkend das Geschaffene zu einem Ganzen vereint, ferner alle wirkende Kraft und, wie er in der Sprache der Alchemisten fortfährt, Samen, d.h. die jene hervorbringenden Ursachen. Man vergleiche dazu folgende Stelle in den Aufsätzen Nach Falkonet und über Falkonet[23], wo er von der Gewalt der Zauberei spricht, die den Künstler allgegenwärtig faßt, dadurch ihm die Welt ringsumher belebt wird: »Davon fühlt nun der Künstler nicht allein die Wirkungen, er dringt bis in die Ursachen hinein, die sie hervorbringen.« Faust will also nicht allein die wirkenden Kräfte der Natur schauen, sondern auch die sie erzeugenden Ursachen[24]. Wozu aber, wenn nicht, um selbst zu schaffen? Ihn verlangt es also nach einer schöpferischen Erkenntnis der Natur, um gleich ihr schaffen zu können; dagegen drängt es ihn fort von einer unfruchtbaren Wissenschaft, die sich mit Worten ohne lebendige Kraft und lebendigen Sinn begnügt. Von dem Drang nach solchem Wissen ist er also von Anfang an geheilt. Ihm kommt es allein auf eine schöpferische Erkenntnis der Natur an, die, wie er einsieht, durch Wissen nicht erlangt werden kann. Wir befinden uns damit in dem

Gedankenkreise, in dem sich der junge Goethe besonders in den Jahren 1773 und 1774 bewegte, da er lebhaft nach Erkenntnis der Natur und ihrer schöpferischen Kräfte verlangte, um so in das Geheimnis lebendiger künstlerischer Darstellung einzudringen. Vor allem ist es das Jahr 1774, jene herrliche Zeit mit mächtiger Lebenskraft hervorquellender Genialität, da er in den Gedichten über Kunstnatur und Naturkunst seinem gewaltigen Streben nach künstlerischer Thätigkeit und zugleich dem Zweifel, der Unruhe, den Fragen und Klagen, wie und ob eine der schaffenden Natur ähnliche Schöpfungskraft auch bei ihm lebendig werden könnte, wechselnden Ausdruck gibt. Eine Art von Antwort auf Fausts erste Frage nach dem inneren Zusammenhalt der Welt erteilt dabei eines von ihnen[25], das wohl mit Recht dem Jahr 1774 zugeschrieben werden darf:

> Und fühle, wie die ganze Welt
> Der große Himmel zusammenhält.[26]

Diese Andeutungen mögen hier genügen, denn wir werden bei Besprechung des 3. Theils des ersten Monologs noch einmal auf des jungen Goethe Natur- und Kunstanschauungen im Zusammenhange zurückkommen müssen. Nur auf eins sei noch hingewiesen, was wir auch im weiteren Gang der Betrachtung noch öfter bemerken werden; es ist die Art, wie der Dichter überlieferten Begriffen und Anschauungen aus seinem eigenen Inneren neuen Lebensgehalt gibt, wie sie ihm erst dadurch lebendig werden, daß sie in Beziehung zu seinem eigenen Fühlen und Denken treten. So verbündet sich in ihm der Begriff mittelalterlicher Magie, die ja auch in das schöpferische Geheimnis der Natur eindringen wollte, um selbst, allerdings in anderem Sinne, zu schaffen, mit jener Magie des Künstlers, die er als Dichter oft genug gefühlt hatte und die er als bildender Künstler mehr und mehr in ihrer

Zaubergewalt zu empfinden hoffte.

Der zweite Teil des Monologs (V. 33-65 = 386-418—Scherer in den Betrachtungen über Faust[118]) faßt verkehrt V. 33-74 = 386-427 zusammen, obwohl mit der Angabe des Themas: Flieh! Auf! Hinaus ins weite Land! ein deutlicher und bestimmter Abschluß gegeben ist, und mit dem folgenden Verse offenbar ein neuer Gedankengang sich eröffnet[27] unterscheidet sich von dem ersten zunächst in der Art des Ausdrucks. Ist der erste Teil mehr episch gehalten, indem er auf Empfindungen zurückgeht, die Faust nicht zum ersten Mal bewegen, so gibt der zweite solche, die ihn mit aller Gewalt im Augenblick ergreifen. Der Übergang zu dieser daher lyrisch gehaltenen Partie geschieht anscheinend ganz äußerlich dadurch, daß das Mondlicht in Fausts Zimmer fällt. Man hat nun bei diesen beiden Teilen von einer Verschiedenheit des Stils und der Metrik gesprochen und nicht nur angenommen, sie seien zu verschiedenen Zeiten gedichtet, sondern sogar, daß der zweite zum vorhergehenden wie zu dem folgenden in unlösbarem Widerspruch stünde.[28] Ehe man jedoch von Stilverschiedenheit reden darf und daraus solche Schlüsse zieht, ist die Frage zu stellen, ob sie vielleicht nicht innerlich durch die Verschiedenheit des Inhalts notwendig begründet sei. Mußte nicht etwa der Dichter von selbst für seine Empfindung eine andere Ausdrucksweise wählen, mußte nicht wiederum diese das für sie geeignete Metrum sich selbst schaffen? Betrachten wir aber die beiden ersten Teile, so ergibt sich deutlich, daß unmöglich der Eingang, der uns zur Aufklärung der Lage einen kurzen Bericht von etwas gibt, das Faust nicht zum ersten Mal empfindet, in gleichem Ton gehalten werden konnte als der darauf folgende unmittelbar aus der Seele quellende Erguß.

Trotzdem dürfen wir fragen: Warum hat der Dichter nicht

unmittelbar an das: »Drum hab ich mich der Magie ergeben« angeknüpft? Wodurch ist diese lyrische Partie begründet, die anscheinend den Zusammenhang unterbricht?

Faust hat sich der Magie ergeben, um auf unnatürlichem Wege zur Erkenntnis der Natur zu gelangen. Da kündet sich die Natur draußen selbst an, indem sie auf einmal bei diesen Worten ihr helles Licht in seinen düsteren Kerker wirft. Es ist eine Warnung der Natur; ihr Licht sucht einzudringen in das Dunkel der Beschwörungsnacht und möchte ihm zurufen: Nicht durch Magie gelangst du zur Erkenntnis meiner; nur durch die Natur führt der Weg zur Natur! Allein Faust versteht die Warnung nicht, und darf sie nicht verstehen. Sie wird ihm zu einer bloßen Mahnung an die Natur. Ein ossianisches Nachtbild[29] steht sie vor seinem Auge; sehnsuchtsvoll fühlt er sich zu ihr hingezogen; bei ihr möchte er, der sich endlich durch beklemmenden Wissensdurst durchgerungen hat, Erfrischung und Heilung der gelähmten Lebenskraft suchen.

Allein die Erscheinung verschwindet, er sieht sich wieder in seinem grabähnlichen Kerker; aber nun kommt es ihm zum Bewußtsein, in welchem Gegensatz zur Natur er lebt, der doch die lebenschaffende Natur in ihren geheimsten Tiefen ergründen will; er hat sich selbst in diesen Kerker geschlossen, der ihn an alles andere gemahnt als an das tiefe Leben der Natur. Ist es da noch wunderbar, wenn er in seinem Inneren sich eingeengt fühlt, wenn in solcher Umgebung alle lebendige Kraft gehemmt wird? Darum fort aus dieser Enge, hinaus ins weite Land! Natur und Wissen als Gegensätze sind ihm aufgegangen; ebenso die Natur draußen und die für den Gelehrten so charakteristische Physiognomie seiner Umgebung[30]. Man stelle sich dagegen den jungen Dichter selbst vor, schaffend in seiner von

Werken lebendiger Kunst geschmückten Künstlerwerkstätte!

Allein der Gegensatz zwischen Natur und Magie wird ihm noch nicht klar, darf ihm nicht klar werden; hofft er doch bei ihr, wie wir sehen werden, die Natur zu finden und Belehrung von ihr zu erhalten! Warum hat nun der Dichter also hier die Natur warnend und mahnend eingeführt? Offenbar, weil er sich im Widerspruch zu der Überlieferung der Sage fühlt. Darum will er uns ahnen lassen und möchte auch seinen Helden ahnen lassen: durch Magie nicht zur Natur, allein durch die Natur! Der Mensch des 18. Jahrhunderts, der Zeitgenosse Rousseaus, dessen ganzes jugendliches Streben nach der Natur gerichtet war, tritt hier in Widerstreit mit dem düsteren Aberglauben einer vergangenen, aber immer noch nachwirkenden Zeit. Daher durchbricht er, nachdem er sich im Eingang im großen Ganzen an die Sage gehalten hatte, weil sie ihm Beziehungen zu seinem Leben bot, für einen Augenblick die den modernen Dichter beengenden Schranken der alten Sage, und um so mächtiger ergießt sich der Strom seiner eigensten Empfindung dahin. Der Zusammenhang zwischen den beiden ersten Teilen des Monologs ist also völlig klar und widerspruchslos. Ja, der scheinbare Widerspruch ist grade ein Beweis für die Einheit im Geiste des Dichters, aus der sie entsprungen sind. Er beruht nicht auf einem Gegensatze zwischen den beiden Teilen, sondern auf dem eigentümlichen Verhältnisse, das der moderne Dichter zu der alten Sage einnimmt; es ist dies gerade beim Faust der wichtigste Grund geworden, weshalb er nach dem Jahre 1775 die Arbeit so lange ruhen ließ. Dieser innere Widerspruch zwischen Sage und Dichter muß daher wohl beachtet werden; er ist stets fruchtbar zu machen, wenn wir das Werk eines Dichters betrachten, der eine alte Sage, deren im Lauf der Jahrhunderte fest gewordene Form er nicht völlig zerschlagen darf, ohne damit zugleich ihren eigentlichen Gehalt zu verflüchtigen, zum Stoff seiner Dichtung gewählt hat. Unter demselben Gesichtspunkt sind Homers Epen, unter demselben das Nibelungenlied zu betrachten; wer ihn nicht beachtet, wird dazu kommen gerade, was dem neuen Dichter gehört, im Gegensatz zu den unzerstörbaren Bestandteilen der Sage als spätere Zusätze und Einschiebsel anzusehen.[31]

Auch mit dem dritten Teile des Monologs besteht, wie schon angedeutet, durchaus kein unlösbarer Widerspruch. Der Dichter läßt das angeschlagene Motiv fallen; man sähe nicht, warum, meint Scherer.[32] Er muß es fallen lassen. Faust flieht nicht hinaus zur Natur, sondern wendet sich, ganz im Charakter der Sage, dem Zauberbuche zu. Warum läßt der Dichter Faust nicht fliehen? Ließ er das geschehen, so zerschlug er damit das Gefäß der Sage, in das er doch seine Empfindungen legen wollte. Welche Fortsetzung war da noch möglich? Ein Faust, der sich nicht der Magie ergab, der keinen Bund mit dem Teufel schloß, sondern sich unmittelbar an die Natur gewendet hätte, war kein Faust mehr. Der Dichter mußte seinen subjectiven Standpunkt der Sage gegenüber aufgeben, und nachdem er seiner eigenen Empfindung ein Zugeständnis gemacht und sie so uns hatte ahnen lassen, mit richtigem Takte zu der Überlieferung zurückkehren. Der klare Blick des Dichters durfte seinem Helden nicht gegeben werden. Erst viel später sollte ihm die Erkenntnis werden:

> Könnt' ich Magie von meinem Pfad entfernen,
> Die Zaubersprüche ganz und gar verlernen,
> Stünd' ich, Natur, vor dir ein Mann allein,
> Da wär's der Mühe wert, ein Mensch zu sein.[33]

Jetzt darf aber Faust diesen Gegensatz zwischen Natur und Magie noch nicht fassen, wie er den zwischen Natur und

Wissen nach langer bitterer Erfahrung erkannt hat[34]. Er muß glauben, in der Magie die Natur als Lehrerin zu finden.

Faust wendet sich dem Zauberbuch zu, das vor ihm liegt. Sollte es ihm genügende Führung auf seinem Wege zur Erkenntnis sein? Wird er dann nicht den Lauf der Sterne erkennen? Wird er also nicht auch hier die Natur finden, die ihn unterweise?

Mit feinem Geschick führt der Dichter den Begriff der Natur hier ein; Natur kann man ja beides nennen und sind ja auch beide, die alchemistische wie die in der Auffassung und dem Sinn seiner Zeit. Damit ist zugleich die Verbindung zwischen dem zweiten und dem dritten Teile hergestellt.

Scherer stellt hier die Frage, warum Faust nicht schon längst das Zauberbuch aufgeschlagen habe, warum er nur eine Minute länger in dem qualvollen Zustand des Nichtwissens geblieben sei?[35] Sei es denkbar, daß er es so lange besessen und es nie ordentlich betrachtet habe? Daraus, daß er es jetzt erst betrachte, zieht er den Schluß, daß er es jetzt erst erhalten habe[36]; er glaubt daher, in den Zusammenhang gehöre eine Scene, in der es gebracht werde, wie es im Volksschauspiel der Fall ist. Allein diese Fragen und Bedenken Scherers sind sehr verkehrt und überflüssig[37]. Der Dichter mußte uns doch einen so wichtigen Schritt in Fausts Leben, wie es der Übergang zur Magie ist, lebendig darstellen, vor unseren Augen geschehen lassen. Er ist ja das eigentliche Thema des ganzen Monologs. Wir müssen uns doch vorstellen, daß das Stück eben von diesem Entschlusse seinen Ausgang nimmt. Es ist in feierlichster Nachtstunde. Faust sitzt unruhig auf seinem Sessel am Pult; vor ihm liegt das Zauberbuch; heute Nacht will er den großen Schritt thun, zum ersten Mal die Geister beschwören. Zunächst wiederholt er uns die Geschehnisse der Vergangenheit, die seine Absicht zur Reife gebracht,

22

seinen Entschluß begründen. Alles Wissen hat ihn nicht zum Ziele gebracht. Klagend blickt er auf die verlorene Zeit des Lebens zurück. Ein neues Leben soll beginnen. Jetzt soll die Magie helfen! Das für seine Zukunft bestimmende Wort ist ausgesprochen, da kündet sich ihm die Natur als erste Erscheinung der Beschwörungsnacht warnend an; aber Faust versteht die Mahnung nur in Beziehung auf die eben abgethane Vergangenheit, in der er sich in grab- und kerkerähnlicher Umgebung mit allem toten Wissen gequält, um das Geheimnis des Lebens und der Schöpfung zu ergründen; noch nicht darf ihm aber klar werden, was er erst im langen Lebensgange erfahren soll, daß auch Magie ihn niemals so wenig wie das Wissen zu seinem Ziele bringen werde. Faust greift, wie er es von Anfang an beabsichtigt hatte, zu dem Zauberbuche. Was will da noch die kleinliche Frage, woher er das Buch habe, warum er es nicht schon früher aufgeschlagen habe? Der Dichter mußte doch alles nach der Erzählung des Eingangs in lebendiger Darstellung auflösen. Wie er das Buch erhalten habe, das kümmert den Dichter sehr wenig; das gehört vor die Scene, nicht in die Scene. Denn wenn auch jetzt erst mit V. 66=419 die Beschwörung beginnt, so beginnt das Stück selbst mit der Absicht und dem Entschluß, sie vorzunehmen, was Scherer nicht verstanden hat.

Ganz und gar mißverstanden hat Scherer den Dichter noch in einem anderen Punkte, und dies ist auch der Grund, weshalb er die zweite Partie mit V. 74 = 427 ansetzt, sie also mitten in einem Satze abschliessen läßt. Obwohl im V. 66 = 419 mit dem: Und dies geheimnisvolle Buch———ein deutlicher Übergang gemacht wird, und damit das in der zweiten Partie angeschlagene Motiv von der Flucht zur Natur aus den angegebenen Gründen fallen gelassen wird, glaubt Scherer trotzdem, Faust denke auch hier noch (V. 66-74 = 419-427) daran, fortzugehen. Er hat nämlich im V. 68 =

420 die Worte: »Ist Dir das nicht Geleit genug?« völlig verkehrt aufgefaßt, insofern er glaubt, das Buch solle ihm als Begleiter auf seinem Gange dienen, um draußen die Beschwörung zu beginnen[38]! Aber nicht auf seinem Gange zur Natur draußen soll ihn das Buch begleiten, sondern auf dem Wege, den er jetzt einschlagen will, der ihn mittelbar auch zu ihr geleiten soll. Scherer hat also auch nicht vermocht auseinanderzuhalten, daß die Natur in V. 70 = 423, die er in dem Zauberbuch zu finden hofft, etwas anderes sei, als die Natur draußen, die ihm im 2. Teile in ihrer Herrlichkeit erschienen war, daß aber zugleich der gleiche Begriff dem Dichter eine vortreffliche Brücke zum Übergang und zur Rückkehr zu dem Thema des ersten Monologs schlage. Das gibt natürlich eine Kette von Mißverständnissen; so muß er auch annehmen, die Beschwörung solle im Freien geschehen, daher er sich denn billig verwundern muß, wenn nachher (V. 75 = 428) Faust gar nicht fortgehe, um Geister zu beschwören.

Doch zurück zu dem Dichter! Ehe Faust das Zauberbuch aufschlägt, um die geheimnisvollen Zeichen zu betrachten, die er zur Beschwörung gebrauchen will, überlegt er, wie er sich zu ihnen verhalten solle. Nicht durch trockenes Sinnen will er sie ergründen, sondern sich unmittelbar an die Geister selbst wenden, deren Zeichen er erblicken wird. Auch hier erkennen wir wieder den modernen Dichter. Das Zauberbuch spielt bei ihm nur eine nebensächliche Rolle; es bietet die Zeichen dar; an die Geister will sich Faust dann ohne weiteres richten, ohne dazu sich der krausen Beschwörungsformeln zu bedienen. Denn sie schweben neben ihm; was bedarf es da der Bereitung? Wie nun aber vorher dem Begriff der Natur eine doppelte Geltung geliehen war, weiß Goethe auch hier den Geisterglauben doppelsinnig zu verwerten. Der Alchemist glaubte an Elementargeister, die die ganze Natur erfüllen; der moderne empfindende Dichter fühlt ebenfalls die Natur überall von lebendigem Geisterhauch umweht; ihm ist es zu einer festen, dichterischen Vorstellung geworden, daß allem in der Natur ein Geist einwohne, es umschwebe. Dieser schöne Glaube, der in einem lebendigen Naturgefühl wurzelte, war damals wieder aufgelebt, da man wieder die Welt mit dem Gefühl zu erfassen begonnen hatte. Wir finden ihn an vielen Stellen in der Dichtung des jungen Goethe aufs glücklichste verwertet; auch der wieder lebendig gewordene Glaube an den Genius[39] gehört hierher. So heißt es in dem Wanderer (1772) von dem Geist der Vergangenheit:

Welchen der umschwebt
Wird in Götterselbstgefühl
Jedes Tags genießen[40].

Im Fragment Mahomet (1773), der Geist Gottes wohne im Stein, schwebe um den Thon[41]. Faust[42] verkündet:—alles —webt in ewigem Geheimnis unsichtbar sichtbar neben Dir; über der Stätte des Erschlagenen schweben rächende Geister. —Die Musen umschweben den Dichter[43]. Der Geist der Geliebten umschwebt die Stätte, da Clavigo stirbt[44]. Werther sucht sich so diese Erscheinung zu erklären[45]; »Ich weiß nicht, ob so täuschende Geister um diese Gegend schweben, oder ob die warme himmlische Phantasie in meinem Herzen ist, die mir alles ringsumher so paradiesisch macht«.—Die Gestalt der Mutter schwebt um Lotte, Werthers Seele über seinem Sarge[46]. Fernando bittet den Schatten seines unglücklichen Weibes um Vergebung, wenn er um ihn schwebe[47]. (Vergl. auch Briefe Nr. 239, 6. Nr. 245 S. 119, 15-16.—) u.s.w.——

Der Dichter konnte also seine eigene tief empfundene Anschauung mit der mittelalterlichen recht wohl verbinden, ohne sie dadurch in ihrer Bedeutung völlig aufzuheben. Umgibt ja nach seiner eigenen Erklärung den großen Künstler beständig und innig eine magische Welt, die nicht künstlich heraufbeschworen werden muß, für die tief im Innern seiner Natur selbst sich der Zauberstab birgt zur dauernden Beschwörung.

Nach der Einleitung der Verse 66-76 = 419-429, mit der zugleich Faust von vornherein die Art, wie er die Geister beschwören wolle, bestimmt hat, schlägt er endlich das Zauberbuch auf. Scherer irrt hier doppelt, wenn er trotz der Angabe des Dichters behauptet, Faust habe schon vorher das Zauberbuch aufgeschlagen und fühle sich eben dadurch von Geistern umgeben[48]; er versteht demnach nicht, wie Goethe den Geisterglauben der Sage mit seiner eigenen dichterischen Anschauung zu einem ihm gemäßen Ganzen verschmolzen hat; wie er also Sage und eigenes Empfinden, so sehr sie sich widersprechen mögen, aufs glücklichste vereinigt hat. Ist nicht die Welt ein Geisterall? Umgeben uns nicht überall die Geister? Was bedarf es da der Vermittelung, was widerwärtiger Formeln? Antwortet mir, wenn Ihr mich hört! Mit diesem Beschwörungsprogramm öffnet er das Zauberbuch, das die heiligen Zeichen ihm weisen soll, und erblickt das des Makrokosmos, des Weltalls. Es ist also der Weltgeist, wie auch Shaftesbury den Kosmos bezeichnete; (»für mich der prächtigste Namen für Gott«, meint Herder in einem Brief an Merck (Straßburg den 12. September 1770) [49].) Der Faust des Dichters geht also nicht wie der der Sage zuerst den Teufel an; aber wenn auch der Gang der Überlieferung geändert ist, so bleibt der Dichter immerhin noch innerhalb der weiteren Schranken des alchemistischen Geisterglaubens. Zunächst stellt er die Wirkung dar, die beim ersten Anblick ohne weiteres auf Faust überströmt. Jugendliches Lebensgefühl, neue Lebenskraft geht von ihm auf den aus, der Jugend, Leben und Kraft geopfert hat in mühseliger, unfruchtbarer Wissensarbeit. In innern Frieden wandelt sich der tobende Drang; Lebensfreude erfüllt ihn wieder; ein geheimnisvoller Trieb ist in ihm erwacht, der ihn zur Enthüllung geheimnisvoller Naturkraft treibt. Ist er ein Gott? So klar liegt die wirkende Natur vor seinem geistigen Auge. »Die Welt liegt vor ihm, — wie vor ihrem Schöpfer, der in dem Augenblick, da er sich des Geschaffenen freut, auch alle die Harmonien genießt, durch die er sie hervorbrachte, und in denen sie besteht[50].«

Wie der Künstler die schaffenden Kräfte der Natur erschaut, um gottgleich zu schaffen und solche künstlerische Harmonien gleich ihr hervorzubringen, so auch Faust, der ebenfalls nach schöpferischer Erkenntnis verlangt. Jetzt versteht er den Spruch des Weisen, daß die Geisterwelt der Natur uns nicht verschlossen sei; an uns nur liegt es. wenn sie uns verborgen bleibt. Unser Sinn, unser Herz muß dazu geöffnet werden.

> Sieh, so ist Natur ein Buch lebendig,
> Unverstanden, doch nicht unverständlich[51];

»Das Gefühl ist die Harmonie!« ruft Goethe in dem schon mehrfach angezogenen herrlichen Aufsatze »Nach Falkonet und über Falkonet« aus[52]. Das Auge des Künstlers findet sie überall, überall sieht er die heiligen Schwingungen und leisen Töne, womit die Natur alle Gegenstände verbindet. Bei jedem Tritt eröffnet sich ihm eine magische Welt. Dieser tiefe Einblick in die Natur wird also auch Faust zu teil, da er das Zeichen des Makrokosmos erschaut. Wie aber dies Gefühl erweckt und wach gehalten werde, sagt auch der Weise, dessen Worte er jetzt erst zu fassen vermag:

> Auf bade, Schüler, unverdrossen
> Die irdsche Brust im Morgenrot.

Mit anderen Worten: durch vertrauten Umgang mit der Natur wird die tiefe Erkenntnis der Natur, und zwar hier der Weltnatur, errungen. Das kabbalistische Zeichen fordert demnach ebenfalls Faust auf, sich unmittelbar an die Natur zu wenden; zog es ihn aber vorhin bei jener ersten Mahnung nach einer geisterhaft ossianischen Nacht hin, wie sie dem kranken Werther behagen mochte, so erscheint ihm jetzt die Weltnatur lockend in leuchtendem Glanze der Morgenröte.

Ein helleres Licht über den tieferen Zusammenhang zwischen dem Zeichen des Makrokosmus und jenem Mahnworte des Weisen verbreitet sich noch, wenn wir

Herders Schrift: »Älteste Urkunde des Menschengeschlechts«[53] zur Erklärung heranziehen. Der erste Band erschien Ostern 1774. Mit begeisternder Anerkennung zeigt sie Goethe am 8. Juni 1774 Schönborn an[54]. Scherer[55] hat bereits mit Recht auf ihre Bedeutung für unsere Stelle hingewiesen; es wird sich jedoch lohnen, noch tiefer als er es gethan hat, auf Herders Ausführungen einzugehen. Die älteste Urkunde des Menschengeschlechts ist die Schöpfungsgeschichte im ersten Kapitel des ersten Buches Mosis. Herder bekämpft zunächst die unhistorische Art ihrer Erklärung. Alle physische und metaphysische Weisheit des 18. Jahrhunderts muß hierbei fern bleiben. Vielmehr hinaus aus den dumpfen Lehrstuben in die freiere Luft des Orients! Er versetzt sich daher ganz in die Natur des Morgenlandes und in die sinnliche Anschauungskraft des Morgenländers. Wo offenbart sich aber unserem Auge die Schöpfung besser und immer von neuem als jeden Morgen im werdenden Tage?

»Komm hinaus, Jüngling, aufs freie Feld und merke. Die urälteste herrlichste Offenbarung Gottes erscheint Dir jeden Morgen als Thatsache, großes Werk Gottes in der Natur[56]«. Für den Menschen ist nun die Schöpfung ein Gewühl einzelner abgesonderter, ganzer Geschöpfe; jedes für sich eine Welt; keins mit dem andern zusammenhängend, keins dem andren ähnlich. Was soll er da aus dieser bestürmenden Rhapsodie aller Geschöpfe herauslesen? Der moderne Mensch sucht sich durch Zergliedern und Absondern zu helfen. Der Naturmensch aber, der nichts von diesen Abstraktionsgaben weiß, trachtet danach, sich aus diesem Chaos von Wesen, Kräften, Gestalten, Formen den Kosmos zu bilden. »Für den lebenden, wirkenden Naturmenschen—was war nun da für ein Bild, Ordnung, Lehrmethode, die ihm die Schöpfung unbetäubend und doch ganz, nach und nach und doch im Zusammenhange, mit Macht, Einwirkung, Lust fürs Herz und ohne Blendung und Düsterung des Auges gebe—suche Naturkündiger zwischen Himmel und Erde, andres Bild, bessere Ordnung und Folge, als diese——Lehrmethode Gottes!« d.h. die er jeden Morgen bei dem »Unterricht unter der Morgenröte« anwendet[57]. Gott selbst ist es, der bei jedem Tagesanbruche die Schöpfung in schöner, deutlicher Folge am Auge des Menschen vorüberführt. Er belehrt nicht durch Schlüsse und Abstraktionen (trockenes Sinnen!), sondern durch Gegenwart und Kraft[58]!

In dieser ältesten Urkunde liegt aber zugleich auch die älteste Hieroglyphe verborgen. Die sechs Tagewerke und der Sabbat, nach Entstehung und Folge angeordnet, ergeben das älteste kabbalistische Zeichen »aus 6 Triangeln, wo sich alles auf einander bezieht,—jenes in allen Magien und Allegorien so berühmte Sechseck[59]!« Diese Entdeckung, auf die sich Herder viel zu gut that, hatte er schon 1770 in Straßburg gemacht und ihr dort weiter nachgespürt[60]. Diese Hieroglyphe ist also nichts minder, als Schöpfung Himmels und Erden[61]! Sie ist das Zeichen des Makrokosmus; sie ist von Gott selbst geschrieben. »Siehe da, der erste Schriftversuch Gottes mit dem Menschen, diese Hieroglyphe![62]« War es ein Gott, der diese Zeichen schrieb? ruft darum bei ihrem Anblick Faust aus.

Herder verfolgt dann ihre Spuren weiter bei andren Völkern, so bei den Ägyptern, wo sie in der Gestalt der sieben heiligen Buchstaben die Schöpfung der Welt, den Zusammenklang aller Wiesen, die Leier der Welt ausdrückt[63]. Sie erscheint weiterhin in verkürzter Form [Symbol: Diagonales Radkreuz] als Zeichen des Weltalls, des *Weltgeistes*, der Schöpfungskraft, als ein Symbol der Kräfte des Weltalls[64]. Es bedeutet Kneph: »Den unsterblichen Weltgeist, der alles durchgehet und durchhauchet: den guten Dämon, Sinnbild alles Guten[65].«

Fassen wir zusammen: Die älteste Hieroglyphe ist ein Zeichen der Weltschöpfung; es ist entstanden aus dem Schöpfungsbericht, der sich wieder auf die Vorgänge in der Natur gründet; es gibt das Bild des Kosmos in harmonischer Verknüpfung der wirkenden Urkräfte: es ist das Zeichen des Weltgeistes, in dem alle Naturkräfte enthalten sind. Offenbar hat in der That alle spätere Kabbala und Magie hierauf weitergebaut[66]. Die Hieroglyphe kommt aber, insofern sie in dem Schöpfungsbericht verborgen ist, von Gott selbst; sie mahnt uns also, nicht nur die Schöpfung in ihr zu erblicken, sondern sie auch mehr und mehr dadurch zu erkennen, daß wir sie jeden Tag mit der Morgenröte in schönster Folge immer wieder von neuem schauen.

Jetzt erst verstehen wir den tieferen Zusammenhang in den Versen 77-93 = 430-446. Da Faust das Zeichen der Weltschöpfung, des Weltgeistes erblickt, geht zunächst ein lebendiger Hauch von ursprünglichem Leben auf ihn über, wie ihn der Naturmensch einst gefühlt. Ein Gott hat dies Zeichen geschrieben, das auf einmal das Bild der schaffenden geschaffenen Weltnatur heraufbeschwört. Die Urkräfte, die in ihm symbolisiert sind, enthüllen sich. Gottgleich erkennt er die Harmonien der wirkenden Natur. Aber die Erscheinung mahnt ihn auch, sie mit lebendigen, nicht durch Abstraktionen abgestumpften Sinnen in sich aufzunehmen, dahin zu gehen, wo die Welt sich werdend und wirkend immer wieder am schönsten offenbart, hinaus in die Morgenröte[67]!

Der Dichter hat die Wirkung, die das Zeichen auf Faust ausübte, zunächst dargestellt. Wie mit einem Schlage steht die schaffende Weltnatur vor seinem geistigen Auge; ihr Bild hat er gesehen, nicht etwa das Zeichen betrachtet. Sie selbst hat ihm zugerufen, sich unmittelbar mit frischen Sinnen an

31

die Natur zu wenden. Dem darf natürlich nicht Folge gegeben werden, ebenso wenig wie jener ersten Mahnung der Natur. Faust muß von der Höhe seiner Empfindung herabsteigen. Die lebendige Erscheinung, zu der das Zeichen nur den äußeren Anstoß gegeben hatte, ist verschwunden; im folgenden sieht er das All in seinem harmonischen Zusammenhange nur an der Hand der Charaktere des Zeichens. »Er beschaut das Zeichen;«—er deutet es aus. Der Strom der Dichtung bequemt sich wieder den engeren Ufern der Sage. Man darf aber wohl sagen, erst dadurch, daß jene Zeichen auf einen so reinen, ja göttlichen Ursprung zurückgeführt waren, wurden sie dem Dichter verwendbar. Hat Faust vorher die schaffende Weltnatur vor seinem entzückten Auge gesehen, so erblickt er jetzt durch Vermittlung des Zeichens, was es ihm als solches allein zeigen konnte, nichts anderes als die Harmonie des Kosmos. Bei der nun folgenden Beschreibung konnte sich der Dichter den alchemistischen Anschauungen um so leichter wieder anschließen, da sie in der That die Natur in schöner Verknüpfung darstellen, so daß sie ohne große Änderung auch dichterisch verwertet werden konnten[68]. Endlich gingen auch sie auf älteste Vorstellungen oder Versuche kosmischer Weltanschauungen zurück, wie z.B. der Orphiker und Pythagoräer, deren Zusammenhang mit der ältesten Hieroglyphe Herder ebenfalls nachgewiesen hatte. Man vergleiche, was er darüber sagt. Sie dachten sich den Makrokosmos als großes Weltei, das sie aus verschiedenen Lagen und Kreisen zusammenlegten; »Unten, was erzeugt ward, die sichtbaren Elemente, Erde, Wasser, Luft, Feuer: überm Monde die unsichtbaren Kreise, die erzeugten: die *alle zusammentönend, in einander wirkend*! sie machten die hohe Hermesleier! den Klang der Sphären, den der Weltschöpfer oben und nieden. Alles in Eins! *Zusammenklang*. Das Bild ist einfach, anschaulich, schön, und wenn man die alten

Schriftsteller gelesen, ist mehr als alles—wahr[69]!« Die
Ähnlichkeit mit Goethes Bildern liegt auf der Hand; nur hat
er statt des Bildes von der Leier das durch die Bibel
geheiligte und auch anschaulichere von der Himmelsleiter
gebraucht, das übrigens auch die Alchemie sich nicht hatte
entgehen lassen. Helmont[70], den Goethe ausdrücklich
unter denen nennt, deren Werke er in seiner alchemistischen
Epoche kennen gelernt hat, benutzt es in folgender
Weise[71]: dieser Weg ist kein ander, kann auch kein ander
seyn, als welcher durch Jacobs Leiter vorgestellt worden:
denn gleicherweise wie auff derselben die Engel Gottes auff
und niedersteigen, also steigen die wesentlichen lebendigen
Kräffte oder geistlichen Leiber der himmlischen Lichter
unabläßlich von oben herab durch die ätherische Lufft zu
dieser untern Welt, als von dem Haupt zu den Füßen; und
hernach, wann sie ihre Auswürkung vollbracht, so steigen
sie zu ihrem eigenen Nutz und Verbesserung wieder von
unten auffwerts zu dem Haupt, mit demselbigen wieder
vereiniget———Und dieses Auff- und Niedersteigen der
himmlischen Kräfte, und die stetige Verbesserung und
Verherrlichung, die daran hanget, und darvon herkommt,
wehret und beharret ohne Unterlaß, und muß nothwendig
also thun.«

Aus derartigen Anschauungen und Vorstellungen, die der
Dichter zu verschiedenen Zeiten in sich aufgenommen hatte,
schuf er aus sich heraus ein neues poetisch empfundenes
Ganze[72]. Mit Recht macht Scherer[73] hierbei auf die
Kosmogonie in dem, wie wir sehen werden, gleichzeitigen
Satyros[74] aufmerksam.

Goethe entwirft aber hier nicht bloß ein Bild des Kosmos,
sondern auch von den verschiedenen Stufen der
Weltschöpfung; er benutzt hier, weil ihm offenbar die
biblischen Vorstellungen dazu nicht genügend poetische

Farben lieferten, die der älteren griechischen Philosophie, deren Zusammenhang mit den ersteren Herder nachgewiesen zu haben glaubte. So sind hier Elemente aus den Lehren von Anaximander, Empedokles, Philolaos, der Eleaten zu einem poetischen Gesamtbild vereinigt.

Faust schildert also an unserer Stelle entzückt die Harmonie des Kosmos, die er durch das Zeichen und in ihm erblickt. Welch Schauspiel! ruft er noch begeistert aus; aber mit diesem Worte wird ihm auf einmal bewußt, woran er sich jetzt entzücke[75]. Damit aber sinkt er nun völlig von der Höhe gesteigerter Empfindung herab. Die alten sehnsüchtigen Klagen seiner Nichtbefriedigung ertönen von neuem. Was er eben gesehen, ist nur ein Schauspiel: er hat nicht an dem Bilde genug. Ihn dürstet nach mehr, nach der lebendigen schaffenden Kraft, die alle diese Harmonien hervorbringt; nach den Quellen, aus denen alles Leben quillt, den Brüsten, aus denen auch Himmel und Erde ihre Lebensnahrung saugen. Diesen mütterlichen Busen möchte er fassen[76]; nach ihm drängt sich seine welke Brust hin; er weiß, er tränkt, und er sollte vergeblich schmachten!

Dies mächtige Sehnen Fausts nach schöpferischer Kraft, das wieder aus der inner eigensten Tiefe des Dichterherzens aufströmt, führt uns zu dem Künstler Goethe zurück. Die Kunstgedichte des Jahres 1774 geben uns ein vollständigeres Bild jener Stimmung, als die Verse unserer Stelle, die davon gleichsam ein gedrängter Auszug sind. Wie sehnsüchtig verlangt es ihn dort nach dem Urquell der Natur, daraus er schöpfend

> Himmel fühl und Leben
> In die Fingerspitzen hervor[77]!

Seinen Prometheus geleitete Minerva zu dem Quell alles Lebens. Wer führt ihn? Was frommt ihm die glühende Natur

34

an seinem Busen, was hilft ihm das Gebildete der Kunst, wenn liebevolle Schöpfungskraft nicht seine Seele füllt und in den Fingerspitzen wieder bildend wird?[78]

O daß die innre Schöpfungskraft
Durch meinen Sinn erschölle—[79]

fleht er; und Werther möchte einen Augenblick in der eingeschränkten Kraft seines Busens einen Tropfen der Seligkeit des Wesens fühlen, das alles in sich und durch sich hervorbringt[80]. Wo faß ich Dich, unendliche Natur? ist der Grundgedanke, der all das künstlerische Streben des Dichters durchzieht. Nicht nur auf Erkenntnis der Natur ist es gerichtet; es ist nicht nur sehnsüchtige Liebe zu ihr, wie im Ganymed:

Daß ich Dich fassen möcht'
In diesen Arm!
Ach, an Deinem Busen
Lieg ich, schmachte,—[81]

Ihr wird die Befriedigung gewährt, der Sehnende hinaufgetragen an den Busen des allliebenden Vaters. Nicht dagegen wird sie dem kranken Werther zu teil; denn sein Herz ist tot: er hat verloren, was seines Lebens einzige Wonne war, die heilige belebende Kraft, mit der er Welten um sich schuf; so steht er vor Gottes Angesicht wie ein versiegter Brunn, wie ein verlechter Eimer![82] Ihm ist das Gefühl der harmonischen Natur entschwunden, vor allem aber die ihm einst einwohnende schöpferische Kraft. Anders der Dichter!

Ich fühl, ich kenne Dich, Natur,
Und so muß ich Dich fassen.

schreibt er am Ende des Jahres 1774 an Merck; er schaut

zurück und sieht, wie sich sein Sinn schon manches Jahr
erschließe.

> Wie er, wo dürre Haide war,
> Nun Freudenquell genießet,
> Da ahnd ich ganz Natur nach Dir,
> Dich frei und lieb zu fühlen — [83]

»Ideales Streben nach Einwirken und Einfühlen in die ganze
Natur«, bezeichnet in einem späteren Schema[84] Goethe den
ersten Monolog. Mit Recht. Faust sehnt sich wie sein
Dichter nach unmittelbarer, lebendiger Erfassung der Natur
durch das Gefühl, danach er schaffen und wirken könne
gleich der Natur.

Das Zeichen des Makrokosmus kann ihm also keine
Befriedigung versprechen; die anfangs durch seinen Anblick
hochgesteigerte Flut der Empfindung hat mehr und mehr
geebbet. Der frühere Zustand kehrt wieder, mit ihm der
Unwille; in solcher Stimmung schlägt er das Buch um und
erblickt das Zeichen des Erdgeistes.

Überblicken wir noch einmal den ganzen Monolog bis zu
der nun beginnenden Erdgeistscene (V. 107 = 460), so zeigt
sich in allen Teilen der schönste Zusammenhang; er ist aus
einem Gusse; nirgends ein Widerspruch, der uns
berechtigte, spätere Einschiebungen, Änderungen des Plans
anzunehmen. Der Widerspruch, den man in der Verbindung
der einzelnen Teile hat wahrnehmen wollen, liegt wo
anders; er liegt in dem Dichter selbst, in dem Ringen des mit
der Überlieferung der alten Sage so verschieden
empfindenden Dichters; aber grade bei diesem Kampfe
kommt sein eigenstes Gefühl in den wunderbarsten Tönen
zum Durchbruch; gerade hier zeigt sich die hohe Kunst des
jungen Dichters, der immer wieder zu den überlieferten
Formen zurückzukehren und zwischen seiner eigenen

Empfindung und jenen auf das glücklichste zu vermitteln weiß, so daß dadurch das wechselnde Bild auf- und absteigender Gefühle entsteht, wie es uns in dem ersten Monologe entgegentritt. Nach dem Prolog hebt sich die Welle immer höher anschwellend, um dann in dem dritten Teile wieder zunächst zu sinken; aber mit dem Anblick des Zeichens des Makrokosmus beginnt ein neues Aufsteigen; die Worte des Weisen: Auf, bade, u.s.w., bilden hier den Höhepunkt, wie vorher: Flieh! Auf! hinaus ins weite Land! Beides mahnt denselben Weg zu betreten, den der Natur. Danach senkt sich die Welle wieder mehr und mehr, bis schließlich mit dem Bewußtsein davon Faust in den alten Zustand der Unbefriedigung zurückfällt und sich so Anfang und Ende des Monologs mit einander verbinden.

Die ganze Scene in ihrer Einheit ist, wie bemerkt, als Beschwörungsscene aufzufassen. Faust hat sich der Magie ergeben. Diese Nacht sollen vor unseren Augen zum ersten Mal die Geister beschworen werden. Vor ihm liegt das Zauberbuch. Unruhe erfüllt ihn vor dem entscheidenden Schritte. Noch einmal wiederholt er sich und uns die Gründe zu seinem Entschluß, mit denen sich uns zugleich die Hauptzüge seines früheren Lebens enthüllen. Was erwartet er nun von der Magie? Nicht unfruchtbares totes Wissen, sondern lebendige, schöpferische Erkenntnis der Natur. Doch ehe er jetzt zur Beschwörung schreitet, mahnt ihn die Natur leise an sich. Das Mondenlicht ergießt sich in sein Zimmer; es verdunkelt gleichsam das vor ihm liegende Buch. Warum, Sohn der Natur, vertraust du dich nicht unmittelbar der Mutter? Allein der im Dunklen Wandelnde versteht sie noch nicht völlig; er erkennt nur den Widerspruch seines früheren Lebens mit der Natur; nicht aber vermag sie ihn von der Magie zurückzuhalten. Der Dichter hat es also verstanden, hier Töne anzuschlagen, die nicht alle für Faust mitklingen, wohl aber uns hörbar sind.

Er vernimmt: Fort aus deinem Kerker zur Natur, um von allem Wissen die Brust rein zu baden!—nicht aber: Bleib fern von der Magie, geh zur Natur, sie wird dich nicht bloß heilen und befreien, sondern auch belehren! Darum wendet er sich wieder dem Zauberbuche zu; auch mit seiner Hülfe wird er zur Natur kommen; sie wird ihn unterweisen, wie er zu ihren Geistern reden könne, daß sie ihn hören. Sollte es ihm also nicht genügendes Geleit sein auf dem Wege zu ihr? Er bereitet sich, es aufzuschlagen. Er wird darin, die heiligen Zeichen erblicken. Was dann thun? Nicht durch trockenes Sinnen, wie er es früher, da er sich mit dem Wissen quälte, sie ergründen, unmittelbar will er sich an die Geister, die ihn umschweben, wenden.

Da er das Buch aufgeschlagen, erblickt er das Zeichen des Makrokosmus; es ist das Zeichen des Weltalls, des Weltgeistes; göttlichen Ursprungs hat es seinen Weg durch alle Völker und Zeiten genommen und ist der Magie als Eigentum geblieben. Auf diesen Ursprung hat es denn auch Goethe nach Herders Vorgang zurückgeführt[85]. Bei seinem Anblick steht ihm die ganze Weltschöpfung lebendig vor Augen. Neues Leben und Wirkungskraft erfüllt ihn. »Wie vor jedem großen Gedanken der Schöpfung, wird in der Seele reg, was auch Schöpfungskraft in ihr ist« schreibt der Dichter später in dem Gebete der dritten Wallfahrt nach Erwins Grabe im Juli 1775[86]. Gottgleich schaut Faust tief hinein in die Gründe der schaffenden geschaffenen Natur. Wie einst Werther in glücklichen Tagen, da ihn das volle warme Gefühl seines Herzens an der lebendigen Natur mit Wonne überströmte, wird auch Faust von Freude erfüllt. Man vergleiche dazu die herrliche Stelle in Werthers Brief vom 18. August[87].—Ihm erweckt aber nicht ein Zeichen das Bild der ganzen Schöpfung, der gestalteten, wie der wirkenden Weltnatur, sondern der Anblick des Naturlebens selbst; durch es wird sein Auge geöffnet für das innere glühende heilige Leben der Natur; indem er es erschaut, steht die Welt in ihren Grundzügen vor ihm. Die herrlichen Gestalten der unendlichen Welt bewegen sich allebend in seiner Seele: »Ungeheure Berge umgaben mich, Abgründe lagen vor mir, und Wetterbäche stürzten herunter, die Flüsse strömten unter mir, und Wald und Gebirg erklang. Und ich sah sie wirken und schaffen in einander in den Tiefen der Erde, all die Kräfte unergründlich.« Gleich Faust sieht er die wirkende Natur vor seiner Seele liegen, ihre Kräfte sich ihm enthüllen[88]. Diese Stelle kann also recht wohl dazu dienen, uns das zu ergänzen, was auch Faust erblickt. Für ihn verbindet sich damit die Mahnung, als Schüler des göttlichen Lehrers in der Natur selbst die Schöpfung da zu betrachten, wo sie sich am deutlichsten und herrlichsten in ihr offenbart. Auch hier geht es also darauf hinaus, daß Faust zur Natur hingewiesen wird; das zweite Mal noch bestimmter als das erste Mal. Sie ist nicht bloß dazu da, daß sich der Mensch in ihrem Thau gesund bade sondern sie fordert aus dem Munde des Weisen auf, bei ihr selbst zu suchen, was Faust erstrebt: Auf, bade, Schüler, unverdrossen, die ird'sche Brust im Morgenrot! Allein der Dichter muß ihn von der Höhe dieser Erkenntnis wieder herabführen. Faust beschaut das Zeichen, was er aber in ihm erblickt, ist nur noch die Harmonie der wirkenden Kräfte des Alls, wie sie sich in ihm vermittelst des Zeichens in schöner Verknüpfung darstellt. Er will aber mehr; er will aus dem Urquell aller Wirkungskraft und alles Lebens selbst schöpfen, um ihrer gottgleich teilhaftig zu werden. So sehnte sich auch Werther, aus dem schäumenden Becher des Unendlichen jene schwellende Lebenswonne zu trinken, und nur einen Augenblick in der eingeschränkten Kraft seines Busens einen Tropfen der Seligkeit des Wesens zu fühlen, das alles in sich und durch sich hervorbringt[89]. Zunächst allerdings entzückt Faust der Anblick des kunstvollen Baus des Kosmos; er steht vor ihm mit demselben Gefühl wie vor einem harmonisch gebildeten Kunstwerk. So stand der junge Goethe vor Erwins Meisterwerk: »Mit welcher unerwarteten Empfindung überraschte mich der Anblick, als ich davor trat. Ein ganzer, großer Eindruck füllte meine Seele, den, weil er aus tausend harmonierenden Einzelnheiten bestand, ich wohl schmecken und genießen, keineswegs aber erkennen und erklären konnte. Sie sagen, daß es also mit den Freuden des Himmels sei, und wie oft bin ich zurückgekehrt, diese himmlisch-irdische Freude zu genießen, den Riesengeist unsrer ältern Brüder, in ihren Werken zu umfassen. — Schwer ists dem Menschengeist, wenn seines Bruders Werk so hoch erhaben ist, daß er nur beugen und anbeten muß. Wie oft hat die Abenddämmerung mein durch forschendes Schauen ermattetes Aug mit freundlicher Ruhe geletzt, wenn durch sie die unzähligen Teile zu ganzen Massen schmolzen, und nun diese, einfach und groß, vor meiner Seele standen, und meine Kraft sich wonnevoll entfaltete, zugleich zu genießen und zu erkennen. Da offenbarte sich mir in leisen Ahndungen, der Genius des großen Werkmeisters.« Er weiht ihn in seine Geheimnisse ein. —»Wie froh konnt ich ihm meine Arme entgegenstrecken, schauen die großen, harmonischen Massen, zu unzählig kleinen Teilen belebt; wie in Werken der ewigen Natur, bis aufs geringste Zäserchen, alles Gestalt, und alles zweckend zum Ganzen«[90].

Allein der Genius des Weltalls offenbart sich Faust nicht so, wie er es in seinem ungeduldigen Streben verlangt; es wird ihm nicht gegeben, sich unmittelbar dem Göttlichen zu nähern. In prometheischem Unwillen wendet er sich von ihm ab, schlägt das Buch um[91] und erblickt das Zeichen des Erdgeistes.

Die Erdgeistscene und der Schluß des ersten Monologs.

(V. 107-168 = 460-521.)

Auch beim Anblick des Zeichens des Erdgeistes äußert sich zuerst die Wirkung, die von ihm auf Faust ausgeht; aber sie ist anderer Art als die war, die vom Makrokosmus auf ihn überging. Nachdem der Rausch des Entzückens vorüber ist, fühlt er selbst, daß zwischen dem Weltgeist und ihm keine unmittelbare Beziehung bestehe. Wie sollte er mit ihm so in Verbindung kommen, daß eine dauernde, nachhaltige Wirkung möglich wäre? Was blieb schließlich übrig als eine Förderung seiner Erkenntnis, seines Schauens? Ganz anders beim Erdgeist; er ist ihm näher; bei seinem Anblick fühlt er sofort seine thätigen Kräfte erregt, gesteigert. Sein Geist ist über ihn ergossen und von ihm erfüllt, redet er sofort in seiner Sprache. Zu was treibt er ihn mit nicht geheimnisvollen Trieb? Wage dich hinein ins Leben; erlebe diese Erdenwelt mit ihrem Weh und Glück, Leid und Freud, schlage dich tapfer mit allen Stürmen herum, und wenn dein Schiff im Sturm zerschellt, so mögen den Unerschrockenen die Trümmer zerschlagen! Zum Leben also wird er aufgefordert, er, der übereilt, ohne je gelebt zu haben, aus dem Quell des Lebens selbst zu schöpfen sich vermaß. Mächtig quillt jetzt die Kraft zum Leben in ihm auf, d.h. auf dieser Erde das dem Menschen Beschiedene zu tragen, tapfer zu kämpfen und ebenso unterzugehen. »Es möcht kein Hund so länger leben« rief er aus beim Rückblick auf sein eben abgeschlossenes Leben. Wie anders jetzt? Wie anders auch als Werther? Faust hat in dem Erdgeist den Geist des Erdenlebens erkannt; d.h. in ihm selbst schlummert dieser Teil vom Wesen desselben; er ist mit ihm darin verwandt und dadurch zieht er ihn an. Sofort kündigt sich daher sein Erscheinen an. In gewaltiger

Erregung nimmt er die Anzeichen wahr; er fühlts, daß der erflehte Geist um ihn schwebe; er fordert ihn auf, sich zu enthüllen. Neue, nie gekannte Gefühle ringen sich von seinem Herzen los, und dieses Herz in seiner ganzen gesteigerten Anziehungskraft gibt sich liebend dem Geiste hin. Vergebens; Er muß ihn beschwören; er faßt das Buch und spricht sein Zeichen geheimnisvoll aus; in einer Flamme erscheint der Geist in widerlicher Gestalt.

Eine doppelte Beschwörung also! Einmal durch die Anziehungskraft, die Fausts Geist ausübt, insofern er dem Erdgeist ähnlich ist. Er erkennt eine Seite seines Wesens, die auch er in sich trägt; damit zieht er ihn an. Allein diese geistige Art der Beschwörung genügt nicht; er muß zu den magischen Formeln greifen und ihn so zu sich zwingen[92]. Warum nun diese doppelte Beschwörung? Offenbar nimmt auch hier wieder der moderne Dichter Stellung zu den Überlieferungen der alten Sage. Für ihn gibt es nur eine Art der Beschwörung, eine mit der Zeit mehr und mehr sich steigernde Geistesverwandtschaft, die endlich den lang erflehten Geist uns zu eigen macht, daß er uns alles offenbare, so wie Erwins Geist dem wieder und wieder Betrachtenden erschien, ihm seine Geheimnisse zu enthüllen. Allein das ist keine Beschwörung, wie sie die Sage von Faust fordert, der sich der Magie ergeben hat. Darum muß er, zugleich wohl wissend, welchen Vorteil die alten Formen der Sage grade dem Dichter bieten, seinen Helden sich ihrer bedienen lassen; aber auch hier fehlt nicht die tiefere Begründung dafür, daß der Geist sich nicht enthüllt. Denn wie wir noch sehen werden, hat Faust sein Wesen nur zum Teil erkannt; er ist noch nicht völlig mit ihm eins geworden; sein ganzes Wesen wird von ihm nicht begriffen: er kündigt sich an, aber er enthüllt sich nicht. So muß denn doch die Zauberformel dran. Der Geist erscheint nun in körperlicher Gestalt.

Scherer[93] hat diesen Zusammenhang nicht erkannt; er bemerkt zu V. 123 = 475: »aber der Geist ist noch gar nicht erfleht. Faust hat ihn noch mit keinem Wort um sein Erscheinen gebeten.« Er versteht also nicht, wie in den Versen 111-114 = 464-467 auch eine Beschwörung enthalten sei; er übersieht, daß der Geist später selbst erklärt, was ihn im Grunde hergerufen habe, der Seele mächtig Flehen, der Seele Ruf[94]. Die Beschwörung von innen heraus, aus dem mächtig verlangenden und sich doch hingebenden Herzen ist dem Dichter bedeutungsvoller als die durch Zauberformeln. Scherer kommt durch dies Mißverständnis zu dem ganz verkehrten Schlusse, die Erdgeistscene, die er erst mit V. 115 = 468 beginnen läßt, sei nicht von Anfang an bestimmt gewesen, sich unmittelbar an das übrige anzuschließen. Auch seine Einteilung ist wieder falsch; denn ohne Frage beginnt ein neuer, vierter Teil der ersten Hauptmasse mit V. 107 = 460.—Welch ungeheuerlichen Folgen diese Irrtümer haben, lese man a.a.O. S. 323 nach, wo er vor der Erdgeistscene ganze Akte hinzudichtet!

Der Erdgeist ist Faust in widerlicher Gestalt erschienen; er wendet sich entsetzt von der schrecklichen Erscheinung ab. Der Geist muß ihn daran erinnern, wie er lange an seiner Sphäre (der Kreis, den seine Wirksamkeit erfüllt[95]) gesogen habe; allein er erträgt den Anblick nicht; er erliegt unter der Gewalt der Erscheinung[96]. Er selbst hat ihn erfleht, gerufen aus der Tiefe seines Wesens heraus; und nun, da er ihm gefolgt, wird der Übermensch, der sich in titanischem Drang den Geistern gleich zu heben vermaß, von erbärmlichem Grauen gefaßt, zittert er bis in alle Tiefen seines Lebens hinein, aus denen er sich empor zu ihm drang, dem Wurm gleich, der von dem Tritt des Wanderers sich wegkrümmt. Da rafft sich Faust auf. Nach dem Höchsten hat er gestrebt, vor dessen Bild er eben noch entzückt gestanden, und er soll der Flammenbildung weichen! Er findet sich wieder, er ist Faust, ist seinesgleichen.

Was hier der Erdgeist ihm zuruft, ist wichtig für Fausts Charakteristik. Es ergänzt das Bild, das er im Eingang von sich selbst gegeben hat, und fügt den im allgemeinen der Sage entsprechenden Zügen neue modernerer Art hinzu. Jetzt sehen wir deutlicher sein mächtiges Streben vor uns; jetzt verstehen wir besser, warum ihm alles Wissen nicht genug that. Ein titanischer, übermenschlicher Drang beseelt ihn, sich den Geistern gleich zu heben. Der Dichter gibt also dem Faust der Sage sein eigenes unendliches Verlangen—für ihn müssen wir sagen,—sich zu dem Göttlichen zu erheben, wie es auch einst Werther vor den Tagen seiner Leiden gefühlt hat. Allein bei ihm wird es abgelenkt auf eine Leidenschaft, und durch sie und in der Enge bürgerlicher Beschränkung aufgerieben. Bei Faust stellt sich dagegen das Problem von vornherein anders. Sein Unendlichkeitsstreben sollte innerhalb der Grenzen der Menschheit das Höchste leisten und nicht in der Glut einer unbefriedigten Leidenschaft untergehen. Werther war die unglückliche Blüte dieser Epoche im Leben des Dichters[97], Faust sollte die glücklichere werden.

Die Fülle seines eigenen reichen Lebens hat also Goethe in die Form der alten Sage gegossen; seine ganze Vergangenheit hat er Faust im voraus mitgegeben. Darum kann sich auch jener dem Erdgeist näher fühlen, kann dieser von ihm sagen, er habe an seiner Sphäre lang gesogen. Der Faust, der nach der Sage sich in unfruchtbarem Wissen gequält, hat zugleich auch die titanische Seele seines Dichters. Damit erledigt sich auch Scherers Bedenken über V. 131 = 484, Faust habe noch nicht lange an der Sphäre des Erdgeists gesogen[98].

Da Faust sich für seinesgleichen erklärt hat, enthüllt ihm

nun der Geist die ganze Tiefe seines Wesens: In den Fluten des Lebens, im Sturm der Thaten ist er das bewegende und erregende Element. In Geburt und Grab, dem ewigen Wechsel von Vergehen und Entstehen, gleich einem ewig auf- und abwogenden Meere, offenbart er sich belebend und zerstörend. In dieser Weise schafft er immer wieder von neuem am sausenden Webstuhl der Zeit und wirkt das lebendige Kleid der Gottheit, d.h. die Hülle, in der sie immer wieder in Erscheinung tritt. Was ist danach der Erdgeist? Er ist offenbar der Geist des Lebens der Erde, als welchen ihn auch Faust sogleich erkannt hat; aber nicht bloß in jenem beschränkten Sinne; auch nicht bloß des Naturlebens, sondern des Lebens in jedem und im weitesten Sinne; er ist also auch der Geist des thätigen, handelnden Lebens; er ist überhaupt der Geist des Lebens, wie es sich auf der Erde von Stufe zu Stufe aufsteigend überall im Niedrigsten und im Höchsten offenbart. Wer ihn ganz begreifen will, muß ihn in der ganzen unendlichen Fülle dieses Lebens begreifen. In dem späteren Schema bezeichnet ihn Goethe mit seinen wesentlichsten Merkmalen als Welt- und Thatengenius[99]. Als solcher offenbart er sich nicht nur als schaffendes Princip, sondern auch als zerstörendes. Er läßt die Welle des Daseins sich heben und wieder senken. Er schafft so als einwohnende schöpferische Ursache immer wieder von neuem die lebendige Welt der Erscheinung, das sichtbare Kleid der Gottheit.—Wie bildete sich nun der Dichter diese Anschauung? Zunächst konnte er sich wieder an die alchemistische Überlieferung anschließen. Sie gab allen Planeten, also auch der Erde ihren Geist[100]. Man braucht dazu keine nähere Kenntnis des Giordano Bruno anzunehmen[101]. Es war dies der allgemeine Glaube jener Zeit. Endlich war auch in der eigenen Zeit ein neuer Geisterseher erstanden: Swedenborg. Goethe nennt ihn am Schlusse der schönen Recension über Lavaters Aussichten in die Ewigkeit: »den gewürdigten Seher unsrer Zeiten, rings um den die Freude des Himmels war, zu dem Geister durch alle Sinnen und Glieder sprachen, in dessen Busen die Engel wohnten[102].« Er glaubte an eine große immaterielle Welt, zu der die Intelligenzen, die mit Körpern verbunden sind, oder nicht, die empfindenden Subjecte in allen Tierarten, und endlich alle Principien des Lebens gehören[103]. Der dichterischen Phantasie des jungen Goethe, die alles beseelte und überall hinter der Erscheinung das Wehen des schöpferischen Geistes spürte, mußte eine solche alles mit Geist und Leben erfüllende Anschauung besonders zusagen. Fühlte er nicht in sich selbst den Genius? Sprach nicht aus allem ein Geist? Aus Erwins Meisterwerk hatte einst der Geist des Erbauers zu ihm geredet. Sein Wanderer erschaute auch aus den Trümmern des Tempels den Genius des Meisters:

Glühend webst du
Über deinem Grabe,
Genius![104]

Den Genius des Vaterlandes fleht er um den künftigen jungen Dichter, den er nach seinem Bilde gezeichnet.[105] Wie leicht konnte sich daher sein Geisterglaube mit dem früherer Zeiten verbinden und sich so die Vorstellung eines Erdgeistes von neuem daraus entwickeln! Er wird ihm nun zu einem Geist des Lebens in allen seinen Erscheinungen auf der Erde, vom niedrigsten bis zum höchsten, vom sich unbewußten bis zum bewußten, vom leidenden bis zum im höchsten Sinne thätigen Leben; zugleich ruht in ihm das Princip des Lebens, das abwechselnd schafft und zerstört, um so immer wieder neues Leben zu haben.

Dieser Wechsel zwischen Zerstören und Schaffen hatte Goethes Teilnahme bei seiner Betrachtung der Natur von Jugend auf erregt. Uralte, die Menschen zu allen Zeiten bewegende Fragen knüpfen sich daran an. Hat der Mensch nur vor allem einen Blick für das zerstörende, übersieht er das schaffende Princip, so leuchtet es ein, wie verhängnisvoll ein solcher einseitiger Standpunkt für die Auffassung und den Gang seines Lebens werden muß. Die Weltanschauung, die die Vergänglichkeit und Eitelkeit alles Irdischen auf das stärkste betont, all der düstere, weltfeindliche Pessimismus wurzelt hier. Auch der junge Goethe ist von dieser Seite des Irdischen lebhaft berührt worden und hat zu ihr Stellung genommen; am schönsten in dem Gedicht »Der Wandrer«, das noch vor dem Wetzlarer Aufenthalt im Frühling 1772 entstanden ist. Zunächst sieht der Wanderer auf seinem Gange nur die traurigen Reste der Zerstörung: Säulenstümpfe, erloschene Inschriften, Trümmer eines Tempels. So wenig schützt also die Natur das Werk ihres Meisters; unempfindlich zertrümmert sie ihr

Heiligtum. Da wird der Blick des Klagenden vom Tode abgewendet und an das Leben gemahnt. Die Bewohnerin dieser Trümmer gibt ihm ihren blühenden Knaben in den Arm,—ein herrliches Übergangsmotiv!—der, über den Resten der Vergangenheit geboren, einem neuen Leben entgegenwächst. Jetzt ist sein Auge geöffnet; ringsum sieht er die blühende und grünende Natur; die Schwalbe, die am Architrav ihr Nest gebaut, die Hütte, die der Mensch zwischen Trümmern erbaut, er genießt über Gräbern. Natur, du ewig keimende, ruft er aus, schaffst jeden zum Genuß des Lebens![106] Damit war also alle einseitige Naturbetrachtung verworfen. Nicht dazu sind wir geschaffen, allein die Vergänglichkeit zu sehen und darüber zu klagen; denn überall erwächst wieder aus dem Tod neues Leben, das zu genießen wir da sind. Denselben Standpunkt vertritt Goethe in der Recension über Sulzers schöne Künste vom 18. Dezember 1772[107]. »Sind die wütenden Stürme, Wasserfluten, Feuerregen, unterirdische Glut und Tod in allen Elementen nicht ebenso wahre Zeugen ihres (der Natur) ewigen Lebens als die herrlich aufgehende Sonne über volle Weinberge und duftende Orangenhaine? Was würde Herr Sulzer zu der liebreichen Mutter Natur sagen, wenn sie ihm eine Metropolis, die er mit allen schönen Künsten als Handlangerinnen erbaut und bevölkert hätte, in ihren Bauch hinunterschlänge?«

Man weiß, welch mächtigen Eindruck das Erdbeben von Lissabon (1. Nov. 1755) auf alle Zeitgenossen und auch auf den frühreifen Knaben Goethe gemacht hat[108]. Man benutzte es damals als gräßliches Argument gegen den Optimismus und seinen Grundsatz, alles sei gut[109]. Vergebens suchte sich sein junges Gemüt gegen diese Eindrücke herzustellen. Nach und nach vergißt er aber die Zornesäußerungen über die Schönheit der Welt und die mannigfache Güte, die uns darin zu teil wird[110]. So gelang es ihm allmählich einen Standpunkt einzunehmen, von dem aus er zwischen Pessimismus und Leibnitz-Popischem Optimismus einen glücklichen Ausweg fand:

»Was wir von Natur sehen, ist Kraft, die Kraft verschlingt; nichts gegenwärtig, alles vorübergehend; tausend Keime zertreten, jeden Augenblick tausend geboren; groß und bedeutend, mannigfaltig ins Unendliche, schön und häßlich, gut und bös, alles mit gleichem Rechte nebeneinander existierend«[111].

In humoristischer Weise findet sich diese Naturanschauung als Kampf ums Dasein behandelt im Monolog des Einsiedlers im Satyros[112]. Sehr bezeichnend aber hat der kranke Werther allein ein Auge für die zerstörende Seite der Natur; er, der früher überall mit vollem warmen Gefühl die schaffende Natur gesehen, sieht jetzt nur noch die zerstörende Kraft in der Natur. Der Schauplatz des unendlichen Lebens wandelt sich vor ihm in den Abgrund des ewig offenen Grabs.—»Ha! Nicht die große seltene Not der Welt, diese Fluten, die eure Dörfer wegspülen, diese Erdbeben, die eure Städte verschlingen, rühren mich; mir untergräbt das Herz die verzehrende Kraft, die in dem All der Natur verborgen liegt, die nichts gebildet hat, das nicht seinen Nachbarn, nicht sich selbst zerstörte. Und so taumle ich beängstet! Himmel und die Erde und all die webenden Kräfte um mich her! Ich sehe nichts als ein ewig verschlingendes, ewig wiederkäuendes Ungeheuer![113]«

Aus frühesten Anregungen ist demnach diese Betrachtung der Natur auf ein in ihr waltendes zerstörendes und schaffendes Princip herausgewachsen und die glücklich gewonnene Anschauung ist dann auch zur näheren Bestimmung des Wesens des Erdgeistes benutzt worden; übrigens begegnete sich Goethe auch hier wieder mit alchemistischen Vorstellungen. Nach Agrippa[114] herrscht auf der Erde das Gesetz des Entstehens und Vergehens, (lex generationis et corruptionis[115]), so daß also von dieser Seite aus des Dichters Auffassung vom Erdgeiste nicht beziehungslos war. Noch später aber beim Rückblick auf die Frankfurter Zeit hebt er als besonders kennzeichnend hervor, den ersten Drang, das ungeheuere Geheimnis, das sich in stetigem Erschaffen und Zerstören an den Tag legt, zu erkennen[116].

Der Erdgeist ist nun nicht bloß ein Geist der irdischen Lebenskraft, die hervorbringt und zerstört, die Woge des Daseins steigen und sinken läßt, er wallt nicht nur in den Fluten des Lebens auf und ab, sondern ist auch der Geist der That im Leben, des thätigen, mit Bewußtsein wirkenden Lebens. Die Natur hat den Menschen nicht allein zum Genuß des Lebens, zu Leid und Freud, Glück und Weh geschaffen, sondern auch zur Thätigkeit und Wirksamkeit. »Er hätte mir nur sagen sollen, daß es im Leben bloß auf das Thun ankomme, das Genießen und Leiden findet sich von selbst«, bemerkt Goethe später in der Geschichte seines Lebens[117]. Während »alle die andern Armen Geschlechter der kinderreichen lebendigen Erde Wandeln und weiden In dunkelm Genuß Und trüben Schmerzen des augenblicklichen Beschränkten Lebens, Gebeugt vom Joche der Notdurft[119]«, galt es für ihn zum Thun zu kommen. Diese Erkenntnis ward dem jungen Goethe immer klarer und lebendiger. Denn für ihn wie für seinen Helden Faust war es eine Lebensfrage, sich im Leben durchzuringen zu den Sphären höchster Thätigkeit. Hamanns herrliche, aber schwer zu befolgende Maxime konnte ihm dabei den Weg weisen: »Alles, was der Mensch zu leisten unternimmt, es werde nun durch That oder Wort oder sonst hervorgebracht, muß aus sämtlichen vereinigten Kräften entspringen; alles Vereinzelte ist verwerflich[120].« Denn er hatte es zwar nicht nötig, sich vom Banne der

Schulwissenschaft und der Spekulation zu befreien und eine lebendige, fruchtbare Thätigkeit an ihre Stelle zu setzen; für ihn galt es einer allzugroßen Nachgiebigkeit gegen die Eindrücke der Außenwelt, einer allzu gesteigerten Empfindungsfähigkeit ein Gegengewicht zu schaffen. Er fand es in der dichterischen Produktion, suchte es auch in der Thätigkeit des bildenden Künstlers. Zu einer Zeit, wo die Empfindsamkeit überwog, erkannte er denn auch das Gegenmittel. Die Berührung mit der heroischen Stärke des Altertums machte es ihm bewußt, was ihm fehle. Über Pindars Worten ἐπικρατεῖν δύνασθαι ging es ihm auf; und was Thätiges an ihm war, lebte auf[121].

Unter ἐπικρατεῖν versteht er aber Meisterschaft, Virtuosität, d.h. also höchste Thätigkeit. Die ganze Jugendpoesie der Frankfurter Jahre seit 1771 durchzieht dieser Gegensatz. Weißlingen ist der erste Vertreter der krankhaften Empfindlichkeit; ihm gegenüber steht Adelheid; sie ist nicht von Anfang an die Teufelin, die ihn verdirbt, sondern sie vermeint zunächst noch den titanischen Funken in ihm erwecken zu können, ihn zu dem »activen« Manne zu machen, den sie in ihm erwartete[122]. Und in der That scheint die lebendige Kraft, die von ihr ausgeht, »die Atmosphäre von Leben, Mut, thätigem Glück,« die um sie ist[123], auf ihn zu wirken, wie das Zeichen des Erdgeistes auf Faust: »Und nun gleich entfesselten Winden über das ruhende Meer! Du sollst an den Felsen, Schiff! und von da in Abgrund! und wenn ich mir die Backen drüber zersprengen sollte«[124]. Allein die Wirkung hält bei ihm nicht an; Adelheid aber, da sie seine Unfähigkeit durchschaut, verläßt und verdirbt ihn. Dasselbe Verhältnis liegt zwischen Clavigo und Carlos vor, nur daß der letztere nicht mehr der Feind, sondern der Freund des Schwachen ist. Auf der höchsten Hohe erscheint diese Krankheit im Werther. Bei ihm wird durch seine wunderbare Empfind-

und Denkensart, der er sich ganz überließ, und die endlose Leidenschaft, alles, was thätige Kraft an ihm war, ausgelöscht[125]; und er, der sich nicht, wie Weißlingen und Clavigo, in schwerer Schuld verstrickt hatte, fällt durch eigene Hand.

Ganz im Sinne Fausts hatte der Dichter, da er im Mai 1772 gen Wetzlar zog, zwar nicht dem Erdgeist, wohl aber der Gottheit zugesungen, von ihr erfüllt:

Allgegenwärt'ge Liebe!
Durchglühst mich,
Beutst dem Wetter die Stirn,
Gefahren die Brust,
Hast mir gegossen
Ins früh welkende Herz
Doppeltes Leben
Freude zu leben.
Und Mut[126].

Von diesem gewonnenen Lebensmute aus war dann zu dem dritten, höchsten Leben vorzudringen, dem der That, auf daß das Herz nicht welke, sondern noch köstliche Früchte trage![127]

Wir sehen danach, wie tief diese Auffassung des Erdgeistes als eines Geistes des Lebens und der That im Leben des Dichters begründet liegt.

Bemerkenswert für die Art, wie bei der verschiedensten Gelegenheit gewonnene Erkenntnis, liebgewordene Motive sich bei dem jungen Goethe hervordrängen, ist die physiognomische Charakteristik des Brutus als des Mannes der That[128], die am Ende der Frankfurter Zeit (1775) geschrieben ist[129]:

Zuerst wird wieder die Wirkung des Bildes geschildert:

»Welche Kraft ergreift dich mit diesem Anblicke! u.s.w.—Eherner Sinn ist hinter der steilen Stirne befestigt, er packt sich zusammen und arbeitet vorwärts in ihren Höckern, jeder wie die Buckeln auf Fingals Schild von heischendem Schlacht- und Thatengeiste schwanger. Nur Erinnerung von Verhältnissen großer Thaten ruht in den Augenknochen, wo sie durch die Naturgestalt der Wölbungen zu anhaltendem, mächtig wirksamen Anteil zusammengestrengt wird.——Mann verschlossener That! langsam reifender, aus tausend Eindrücken zusammen auf einen Punkt gedrängter That! In dieser Stirne ist nichts Gedächtnis, nichts Urteil, es ist ewig gegenwärtiges, ewig wirkendes, nie ruhendes Leben, Drang und Weben!«—Sogar etwas verderbendes findet er in ihm[130].

Das Verhältnis des Erdgeistes endlich zu seiner Schöpfung, dem lebendigen Kleid der Gottheit, der sichtbaren Erdenwelt ist offenbar im Geiste Spinozas gedacht. Seine Philosophie hatte Goethe spätestens seit dem Frühling 1773 kennen gelernt[131]. Auf der Rheinreise im Sommer 1774 war sie ein wichtiger Gesprächsstoff zwischen ihm und Fr. Jacobi. Es fügte sich dabei wieder vortrefflich, daß ja auch seine Anschauungen in manchem mit den alchemistischen seiner Zeit zusammentrafen. Hatten sie allem einen Geist gegeben, so ließ auch Spinoza alles, wenn auch in verschiedenem Grade beseelt sein[132]. Gott ist ihm die immanente, bewirkende Ursache der Schöpfung. Die Welt ist eben nur die sichtbar gewordene Wirkung der göttlichen Schopferkraft; die einzelnen Dinge sind die Modi, die Erscheinungsformen der unendlichen göttlichen Substanz (natura naturans = wirkende, n. naturata = bewirkte Natur).

Bei Goethe erscheint nun der Erdgeist im Auftrage Gottes handelnd; er setzt gleichsam in höherem Befehle das irdische

Schaffen fort. Denn der Dichter ist eben genötigt, da er sich einmal im Rahmen des alchemistischen Geisterglaubens bewegt und zwischen dem Geist des Alls, der Gottheit, und dem der Erde geschieden hatte, die rein spinozistische Auffassung entsprechend abzuändern.

Der Erdgeist hat Faust sein Wesen enthüllt. Jetzt redet er ihn an; er will ihm zeigen, daß er sein Wesen erkenne, ihm sagen, wie nah er sich ihm fühle; er nennt ihn dabei einen geschäftigen Geist, der die weite Welt umschweife. Da ist der Bann der Beschwörung gebrochen, er hört die niederschmetternde Kunde:

> Du gleichst dem Geist, den du begreifst,
> Nicht mir!

Dann verschwindet der Geist. Faust stürzt zusammen: er, das Ebenbild Gottes, der dem Geist des Alls zu gleichen sich vermaß, gleicht nicht einmal dem Geist der Erde! Die Scene bricht ab. Wagner erscheint.

Hier erhebt sich die Frage: Wodurch wird der Bann der Beschwörung gebrochen? Warum verschwindet der Erdgeist grade jetzt? Woraus schließt er, daß Fausts Geist dem seinen nicht gleiche? Jedenfalls muß er dies Fausts letzten Worten entnommen haben. Was enthalten sie? Er nennt den Erdgeist einen geschäftigen Geist. Er hat sich ihm als der Geist höchster Thätigkeit offenbart, und nun setzt Faust diese der Geschäftigkeit gleich. Geschäftigkeit ist aber eine Thätigkeit ohne Zweck, ohne Folge, ohne Frucht, ohne Ziel. So nennt sich der junge Goethe selbst einmal geschäftig ohne fleißig[133]. Faust kennzeichnet sein eigenes Wesen, indem er dem Erdgeist diese Eigenschaft gibt. Aber auch der Dichter hatte sie in seinem Wesen als einen Mangel in seiner Entwicklung entdeckt, den er zu einer Tugend umbilden mußte. Denn er fühlte Adel und kannte Zweck[134]. »Auch hat mir endlich«, schreibt er in den bereits angezogenen Wetzlarer Brief an Herder, »der gute Geist den Grund meines spechtischen Wesens entdeckt. Über den Worten Pindars ἐπικρατεῖν δύνασθαι ist mirs aufgegangen[135].« Das spechtische Wesen Goethes, wie es Herders Spott genannt hatte, war dessen ewiger Tadel gewesen. Nun sieht er selbst ein, daß es eine Schwäche sei, die er überwinden müsse. »Wenn ich nun überall herumspaziert bin, überall nur dreingeguckt habe, nirgends zugegriffen. Dreingreifen. packen ist das Wesen jeder Meisterschaft[136]«. Die Geschäftigkeit muß zu der zielbewußten Thätigkeit des Meisters werden. Mit diesem Mangel seines Wesens, über den der Dichter sich längst klar geworden war, über den er aber seinen Helden erst aus seinem dunklen Zustande zur Klarheit aufführen mußte, hängt es auch zusammen, wenn Faust den Geist als einen, der die weite Welt umschweife, auffaßt und wiederum dadurch sich selbst verrät. Denn was ist dies Schweifende anders als was der Dichter eben mit dem Herumspazieren und Dreingucken an sich getadelt hatte, was ihm aus Pindars Worten: Εἰδῶς φυᾷ, ψεφνὸς ἀνὴρ μυριᾶν ἀρετᾶν ἀτελεῖ νόῳ γεύεται, οὔποτ' ἀτρεκέι κατέβα ποδί, μαθόντες usw. wie Schwerter durch die Seele gegangen war[137]? In demselben Sinne tadelt er an Lavater, ein schweifender Geist habe ihm die kollektive Kraft entzogen und so der besten Freude, des Wohnens in sich selbst beraubt[138]; ebenso wieder an sich selbst, da zu Zeit seiner Liebe zu Lili all die Gegensätze seiner Natur aufgewühlt wurden, mit den klagenden Worten: Entweder auf einem Punkt, fassend, festklammernd, oder schweifen gegen alle vier Winde[139]! Über Lenz bemerkt er später, er habe bei ihm darauf gedrungen, daß er aus dem formlosen Schweifen sich zusammenziehen und die Bildungsgabe, die ihm angeboren war, mit kunstgemäßer Fassung benutzen möchte[140]. Er setzt also dem schweifenden Geist die kollektive Kraft, eine Art innerer Konzentration, das Wohnen in sich selbst, wie er es gerne nannte, entgegen. Dies Wohnen in sich selbst erzeugt, indem er sie auf einen Punkt sammelt, die schöpferische Kraft; es gehört darum zum Wesen der Gottheit, also auch zu dem des Erdgeistes. »O, ich würde an deinem Busen der ewigen Götter einer sein, die in brütender Liebeswärme in sich selbst wohnten und in einem Punkte die Keime von tausend Welten gebaren und die Glut der Seligkeit von tausend Welten auf einen Punkt fühlten«,—ruft Franz im Götz aus[141]. Es ist daher für den im höchsten Sinne thätigen und schöpferischen Menschen zu erstreben; so begegnet er uns auch in der Charakteristik des Brutus als des Mannes der That: »Sieh das ewige Bleiben und Ruhen auf sich selbst«[142]. Faust hat also in dem Wesen des Erdgeistes nicht erkannt, daß er auch der Geist der höchsten Thätigkeit ist, daß er nicht die Welt umschweife, sondern in ihr wohne als das schöpferische Princip, das durch Zusammenziehung aller zerstreuten Kräfte sie immer wieder hervorbringe[143]. Damit hat er ausgesprochen, was ihm selbst noch fehle, trotzdem aber sich überhebend, ohne daß eine innere Kraft ihn dazu berechtige, sich dem Geiste nahe, ja gleich gefühlt. Auch dies trägt dazu bei, daß er verschmäht wird[144]. Dagegen wird der Bescheidenheit des Jüngers vor dem Bilde der Venus in Künstlers Vergötterung die Antwort:

Du wirst Meister sein.
Das starke Gefühl, wie größer dieser ist,
Zeigt, daß dein Geist seinesgleichen ist[145].

Ebenso wie Faust wird aber in den Parabeln die Eiche von der Ceder zurückgewiesen: »Die Eiche sprach: Ich gleiche dir, Ceder! Thor! sagte die Ceder: als wollt' ich sagen, ich gleiche dir«[146].

Fassen wir noch einmal das Wesentliche der Erdgeistscene zusammen! Faust erblickt das Zeichen des Erdgeistes; er fühlt sich ihm näher als dem Geist des Alls. Was er in ihm erkennt, was also auch in ihm selbst verborgen liegt, ist das dem Geist einwohnende rastlose Leben. Von diesem Hauch getroffen, fühlt er in sich den Mut entstehen, sich in das Leben hinaus zu wagen und alles, was es zuteilt, Freud und Leid, Kampf und Untergang, tapfer auf sich zu nehmen. Durch dieses Gefühl ist er in einer Beziehung dem Geiste gleich. Dadurch zieht er ihn an; er kündigt sich an, aber da die Erkenntnis und die Wesensverwandtschaft nicht vollständig ist, erscheint er nicht. Da beschwört ihn Faust mit magischer Formel. Nun erscheint er, aber in widerlicher Gestalt. Faust wendet sich ab. Sein ganzes übermenschliches Streben war darauf gerichtet, sich den Geistern gleich zu heben; er hat sich ihnen zu nähern gesucht und war durch dies Verlangen in ihre Sphäre eingedrungen; hatte sich dadurch die Kraft der Anziehung erworben; so hat er endlich den Erdgeist erfleht, beschworen. Er ist ihm erschienen, und nun liegt er im Staub, windet sich gleich den Würmern. »Das erbärmliche Liegen im Staube—und des Winden der Würmer«—damit vergleicht der Dichter dieses Gefühl in einem Augenblicke, da ihm gewährt ward, was seinem Helden versagt blieb: »schwebend im herrlich unendlich heiligen Ocean unsers Vaters des ungreiflichen, aber des berührlichen.—Nennbare, aber unendliche Gefühle durchwühlen mich—«[147]. Faust gewinnt die Kraft der Erhebung wieder. Der Geist enthüllt ihm sein Wesen, aber er erkennt darin nicht, weil er an ihr nicht Teil hat, die höchste Thätigkeit und das, was sie erzeugt. Er hat wohl erkannt, daß er der Geist rastlosen Lebens sei, allein nicht, daß dieses Leben, wie es das Wesen des Geistes offenbart, zu dauernder, zielbewußter Thätigkeit zu steigern sei. Sein Streben ist titanisch, aber seine Kraft nicht die des Prometheus! Sein Geist hat sich noch nicht, wie Goethe es später nannte, zur

Entelechie entwickelt. Er gleicht nur seinem Geiste, nicht dem Erdgeiste. Denn um ihn zu erkennen, müßte er er selbst sein[148]. Der Erdgeist verschwindet, sobald Faust ihre Verschiedenheit ausgesprochen hat.

Es bleiben nur noch eine Reihe wichtiger Fragen zu beantworten, die in sich zusammenhängen: Worin liegt es begründet, daß Faust sich zunächst an die Geister des Makrokosmos und der Erde wendet? Bietet uns das innere Leben des Dichters dafür einen Anhalt? In welchem Verhältnis steht der Geist des Alls zu dem der Erde? Der Faust der Sage übergibt sich dem Teufel, der des Dichters erhebt sich zu den Geistern, dem Göttlichen. Diese Erhebung, die Sehnsucht, sich dem Göttlichen unmittelbar zu nähern, ist einer der bemerkenswertesten Züge in der Entwickelung des jungen Goethe. Er bedeutet in dem Gesamtbilde seines Lebens eben nichts anderes als den Drang, die innewohnende Fähigkeit, die er in dunklen Ahnungen in sich fühlte, auf das Höchste zu steigern und auszubilden[149]. Schon frühe finden wir ihn in dem jungen Goethe ausgeprägt. Bekannt ist die Erzählung am Ende des ersten Buches von Dichtung und Wahrheit, wie der Knabe sich der Gottheit unmittelbar zu nähern gesucht. Die üblen Folgen dieses Versuches konnten ihm damals schon andeuten, wie gefährlich es überhaupt sei, sich Gott auf dergleichen Wegen nähern zu wollen. In der seltsamen Weltanschauung, die er sich in seiner alchemistischen Epoche bildete, ist es Lucifer, der durch seinen Abfall von Gott den Geistern die süße Erhebung zu ihrem Ursprung verkümmert. Dieses Streben, sich zu Gott zu erheben, offenbart sich in dem Dichter in der verschiedensten Weise, als titanischer Drang, Gott gleich zu schaffen und Schaffenslust zu genießen, aus dem schäumenden Becher des Unendlichen zu trinken, dann wieder als sehnsüchtige Liebe zu dem allliebenden Vater. Es ist die Religion des Dichters.

»In unsers Busens Reine wogt ein Streben,
Sich einem Höhern, Reinem, Unbekannten
Aus Dankbarkeit freiwillig hin zu geben,
Enträtselnd sich den ewig Ungenannten;
Wir heißens: fromm sein«[150].

dichtet er später. In diesem Unendlichkeitsstreben macht sich aber das Gefühl der Beschränkung geltend. Dazwischen wogt es im Innern des Dichters auf und ab, bis er endlich wie Lucifer und Prometheus im Hochgefühl der inneren Schöpfungskraft von Gott undankbar abfällt und in sich selbst den höheren Ursprung zu finden glaubt, um aber bald wieder die trotzige Erhebung gegen die Gottheit aufzugeben und sich wieder seinem Ursprung zuzuwenden[151].

Dieser Grundzug seines Lebens tritt uns in der Dichtung des jungen Goethe mannigfach entgegen. In Wanderers Sturmlied[152], das in der Zeit nach dem Wetzlarer Aufenthalt gedichtet ist, zuerst und besonders bemerkenswert, weil wir hier hinein blicken können in den inneren Kampf des Dichterherzens zwischen dem Trieb der Erhebung und dem Gefühl seiner Schwäche. Klagend empfindet er den Mangel innerer Wärme; er muß sein Herz anfeuern, der Gottheit (Phoebus Apollo als Weltgenius) entgegen zu glühen, damit nicht ihr Blick unbeachtend an ihr vorübergleite. Es liegt darin also zugleich der Gedanke, daß die Erhebung für den Menschen nötig sei, wenn er Gottes Mitwirkung erhalten solle[153]. In dem Fragment Mahomet[154] von 1773 sucht der Held des Stückes den einen Gott, dem er ungeteilt sein ganzes Gefühl weihen könne, in dem alles enthalten sei. Sein liebendes Herz hebt sich dem Erschaffenden, und siehe, der Herr, sein Gott, naht sich, freundlich zu ihm. In Mahomets Gesang[155] endlich preist der Dichter in erhabenem Schwung den Menschen, der sich durch nichts abhalten läßt, seinem Ursprung unaufhaltsam zuzueilen, der auf seinem Siegeslaufe auch noch andere, deren gleichem Verlangen ihre Kraft nicht entspricht, mit sich fortreißt und dem erwartenden Erzeuger freudebrausend an das Herz trägt. Im Ganymed[156] (1773) ist es mehr die sehnsüchtige Liebe des Unendlichen, wie sie auch die schöne Seele in ihren Bekenntnissen zu ihrem Heilande fühlt, als kräftiges Hinstreben; aber auch sie findet ihr Erhören; auch der Sehnende wird emporgetragen zu dem Busen des allliebenden Vaters. Allein mit dem Verlangen nach Erhebung verbindet sich leicht der vermessene Glaube, Gott gleich zu werden, gleich ihm zu schaffen, gleich ihm die Wonne des Geschaffenen zu fühlen. Du wirst sein, flüstert die Stimme des Versuchers im Inneren, wie Gott. Der Kampf zwischen dem unendlichen Streben und dem Gefühl der Einschränkung steigert sich, bis eine Art feindseliger Ruhe im Kampfe eintritt. Der Mensch zieht sich in stolzer Kraft ganz auf sich zurück und verschmäht trotzig alle göttliche Hilfe. Allein diese Aufwallung legt sich bald; er beginnt sich zu resignieren, um den inneren Frieden wieder zu gewinnen. »Denn auch der einzelne«, so bemerkt er später in seiner Lebensgeschichte, »vermag seine Verwandtschaft mit der Gottheit nur dadurch zu bethätigen, daß er sich unterwirft und anbetet«[157]. Die spinozistische Gesinnung jedoch, die der junge Goethe in sich aufgenommen hatte, war zu beidem angethan, einen rücksichtslosen Individualismus zu schaffen und dann wieder unter Anerkennung der Schranken der Endlichkeit sich in Liebe zur Gottheit zu erheben[158].

Kehren wir zu Faust zurück! Auch er hat das Streben, sich dem Göttlichen, »den Geistern« gleich zu heben. Dazu sucht er sie zu beschwören. Das erste, was er in dem Zauberbuche erblickt, ist das wichtigste aller Zeichen, das des Makrokosmus. Der Geist des Makrokosmus ist, wenn wir die Geisterterminologie, zu der den Dichter sein Stoff nötigte, bei Seite lassen, die Gottheit des Weltenalls. Hier scheint nun Faust Gelegenheit gegeben zu sein, sich ihr unmittelbar zu nähern. Macht er, der sich ja als Ebenbild Gottes fühlt, und da er das Göttliche in dem Zeichen erkannt hat, den Versuch, es zu thun? In welchem Verhältnis steht er zur Gottheit? Es ist weniger die sehnende Liebe, wie sie im Ganymed ihren Ausdruck findet, es ist, wenn auch nur verhüllt, angedeutet, der Drang nach schöpferischer Kraft, die er aus dem Urquell alles Seins zu schöpfen begehrt; aber gleich seinem Dichter fühlt Faust bereits, daß ihm hier durch unmittelbare Annäherung an das Göttliche keine Befriedigung winkt. Daher gibt er, zunächst sehnsüchtig klagend, dann unwillig werdend, den Versuch auf. Faust vor dem Bilde des Makrokosmus bietet uns also in kurzer Zusammenfassung den Gang einer Entwicklung, die in seinem Dichter selbst vorgegangen war. Der erste Monolog ist danach bereits auf einer Stufe gedichtet, da Goethe erkannt hatte, sich unmittelbar dem Göttlichen zu nähern, sei ein vergebliches Verlangen. Deshalb wendet sich sein Held unwillig gleich Prometheus von ihm ab; er gibt es auf, mit dem Weltgeist selbst zu ringen[159].

Dem Geist des Irdischen wendet er sich zu; aus seinem Wesen schöpft er sofort die Begeisterung, sich in das Leben zu wagen; mit anderen Worten, wenn auch Faust noch nicht die deutliche Erkenntnis hat, grade auf diesem Wege innerhalb der Grenzen der Menschheit zu seinem Ziele gelangen zu können, so hat er doch das dunkle Gefühl, der Mensch sei zunächst auf das Leben dieser Erde angewiesen. In dieser für Faust in ihren wichtigen Folgen noch dunklen, dem Dichter schon klareren Empfindung liegt das tiefe Problem[160],—es ist das Problem der ganzen Dichtung— daß sich der Mensch eben dadurch, daß er im vollsten und höchsten Sinne das Irdische erlebe, das Recht auf ein Fortleben auf einer höheren Stufe, auf ein höheres Leben erwerbe. Dann braucht nur die Gnade von oben die auf Erden im Leben begangene Schuld zu tilgen, und gereinigt steigt er hinauf zu den Sphären der Liebe und reiner Thätigkeit. Hier wurzelt also der edle Realismus des Dichters in Leben und Kunst, der immer reiner und schöner predigt: Gedenke zu leben, laß das Leben, wenn es durch deinen Busen hindurchgegangen ist, wieder rein und treu entstehen; es wird nie des höheren Sinnes entbehren, stets nach dem Höchsten weisen, zu ihm führen! Dieser tiefe Grundgedanke, der sich durch seine ganze Dichtung zieht, wird in ihr aufs mannigfaltigste zum Ausdruck gebracht; zum ersten Mal wohl am Schluß des schönen Aufsatzes von deutscher Baukunst (1772). Wenn der Künstler das irdische Leben in Arbeit und Genuß, in Begehren und Leiden genossen hat und irdischer Schönheit satt, göttlicher aber wert geworden ist, dann erhebe er sich zu ihr und mehr als Prometheus leit' er die Seligkeit der Götter auf die Erde[161]! »Trachtet ihr, daß ihr Lebenskenntnis erlanget, euch und eure Brüder aufzubauen«, ruft er in den biblischen Fragen aus[162]. Frei wie Wolken, fühlt, was Leben sei! Stehn auf seinen Füßen, Der Erde genießen—verkündet ganz in des Dichters Sinne Satyros[163], um jedoch mit einem lächerlichen Mittel nach dem Ziele hinzuweisen. »Rasch ins Leben hinein!« feuert er sich selbst an in der schönen Allegorie an Schwager Kronos[164] (gedichtet am 10. October 1774). »Weit hoch, herrlich der Blick Rings ins Leben hinein! Vom Gebirg zum Gebirg Schwebet der ewige Geist. Ewiges Lebens ahndevoll«. Also auch hier erscheint der Geist des Lebens. In diesem Leben, auf dieser Erde, muß dem Menschen sein höchstes Ziel, die Ausbildung des Reinmenschlichen, wodurch er einer höheren Stufe würdig wird, zu erreichen möglich sein. Humanus scheidet erst, nachdem er ein Beispiel des Lebens gegeben und so dafür gesorgt hat, daß sein Geist sich in allen verkörpert hat und keines besonderen irdischen Gewandes mehr bedarf[165]. Das Beispiel des Menschen lehre uns darum das Göttliche glauben[166]! Nicht mit den Göttern solle sich der Mensch messen; denn hebt er sich aufwärts, dann haften nirgends die unsicheren Sohlen; auf der wohlgegründeten, dauernden Erde stehe er mit festen markigen Knochen, ohne sich indes auch hier zu überheben[167]. Halber Trotz spricht dagegen noch aus dem Gedichte Menschengefühl[168] und in noch herberen Worten drückt sich endlich Faust selbst aus:

Das Drüben kann mich wenig kümmern;

Aus dieser Erde quillen meine Freuden,
Und diese Sonne scheinet meinen Leiden[169];

und vor allem am Ende des zweiten Teils:

Nach drüben ist die Aussicht uns verrannt;
Thor, wer dorthin die Augen blinzend richtet,
Sich über Wolken seinesgleichen dichtet!
Er stehe fest und sehe hier sich um;
Dem Tüchtigen ist diese Welt nicht stumm.
Was braucht er in die Ewigkeit zu schweifen!
[170]

Man sieht, wie mannigfach dasselbe Thema angeschlagen wird; aber überall hören wir hindurch: Halte dich zunächst an das irdische Leben; hier ist der Boden, auf dem der Mensch wurzelt; nicht aber verlange er mit Überspringung dieses Lebens nach einem, das ihm hier noch nicht gegeben ist. Diese Erkenntnis prägt sich auch im ältesten Faust aus, wenn sich Faust unwillig vom Zeichen des Weltgeistes ab und dem Geist der Erde zuwendet. Aber er wird von ihm verschmäht, da er sich ihm zu einer Zeit gleichsetzt, wo er sein Wesen noch nicht völlig d.h. innerhalb den Grenzen seiner menschlichen Natur erlebt hatte. Von hier aus haben wir zum ersten Mal einen Ausblick, in welcher Weise sich das Faustproblem weiter bilden mußte. Faust mußte hinaus in das Leben, um es in jedem, also auch im höchsten Sinne zu erleben. Dazu sollte und mußte dann der Teufel selbst schließlich sehr gegen seinen Willen beitragen. Er war es grade, der ihn mit sich fortriß auf den ihm noch fremden Boden des Lebens, im Wahne, ihn dort verderben und in seine Gewalt bringen zu können:

> Ich macht ihm deutlich, daß das Leben
> Zum Leben eigentlich gegeben.

―――――――――――

> So lang man lebt, sei man lebendig![171]

Allein wenn auch Faust sich zunächst in schwerer Schuld verstrickte, so gewann er doch wieder im Leben, wo er sie allein gewinnen konnte, die Kraft zu einem höheren Leben. Aus der kummervollen Sphäre des ersten Teils, ähnlich der, die der junge Dichter selbst durchlebt, erhob er sich zu höheren Regionen in würdigere Verhältnisse[172]: Goethe wußte daher wohl, was er sagte, wenn er kurz vor seinem Tode an Humboldt schrieb (am 17. März 1832): Es sind über sechzig Jahre her, daß die Conception des Faust bei mir jugendlich von vornherein klar, die ganze Reihenfolge der Scenen hingegen weniger ausführlich vorlag.[173]

Es bleibt nun noch eine Frage zu beantworten: Weshalb erscheint der Erdgeist in widerlicher Gestalt? Im Fragment ist zwar bereits diese scenarische Bezeichnung getilgt, aber nicht Fausts Entsetzen. »Schreckliches Gesicht« ruft er auch hier sich abwendend aus, nicht minder das: »Weh, ich ertrag dich nicht.« Knüpfen wir zunächst an das letztere an, so ist es klar, daß das Ungeheuere der Erscheinung auf Faust einen niederdrückenden Einfluß ausüben mußte. Goethe selbst erklärt, wie in seiner Jugend das Erhabene, das sein Gefühl formlos oder zu unfaßlichen Formen gebildet hervorbrachte, ihn mit einer Größe umgeben mußte, der er nicht gewachsen war[174]. Überhaupt lag es in seiner Natur, daß er alle Eindrücke zu stark empfand, daher er sich bemühen mußte, sich von dem Drang und Druck des Allzuernsten und Mächtigen zu befreien, das in ihm fortwaltete[175]. In diesem gesteigerten Empfindungsvermögen lag eben die Stärke und Schwäche seiner dichterischen wie menschlichen Natur. Werther erliegt aus diesem Grunde unter der Gewalt der Herrlichkeit der Natur, die ihm erschienen ist[176]. Ähnliches konnte er auf der Sommerreise 1774 von Fritz Jacobi erfahren, was er gewiß damals als etwas, das ihn auf das heftigste erschüttert hatte, dem neuen Freunde nicht vorenthielt. Er schreibt darüber später: »Es war nämlich jenes Sonderbare, eine von allen religiösen Begriffen ganz unabhängige Vorstellung endloser Fortdauer, welche mich in dem angezeigten Alter, (im achten oder neunten Jahre) bei dem Nachgrübeln über die Ewigkeit a parte ante, unversehens mit einer Klarheit anwandelte, und mit einer Gewalt ergriff, daß ich mit einem lauten Schrei auffuhr und in eine Art von Ohnmacht versank.———«

»Der Gedanke der Vernichtigung, der mir immer gräßlich gewesen war, wurde mir nun noch gräßlicher; und ebensowenig konnte ich die Aussicht einer ewig dauernden Fortdauer ertragen.———Ohngefähr von meinem siebenzehnten bis in mein dreiundzwanzigstes hatte ich mich in diesem letzteren Zustande befunden, (er glaubte, die Erscheinung habe für ihn das Fürchterliche verloren) als auf einmal die alte Erscheinung wieder vor mich trat. Ich erkannte ihre eigene gräßliche Gestalt, war aber standhaft genug, sie festzuhalten für einen zweiten Blick, und wußte nun mit Gewißheit, sie war! Sie war, und hatte ein in dem Maße objectives Wesen, daß sie jede menschliche Seele, in welcher sie Dasein erhielt, gerade so wie die meinige afficieren müßte.———Seitdem hat diese Vorstellung, ohngeachtet der Sorgfalt, die ich beständig anwende, sie zu vermeiden, mich noch oft ergriffen. Ich habe Grund zu vermuten, daß ich sie zu jeder Zeit willkürlich in mir erregen könnte, und glaube, es stände in meiner Macht, wenn ich sie einige Male hinter einander wiederholte, mir in wenig Minuten dadurch das Leben zu nehmen[177]«.

Es ist also einmal das Ungeheuere der Erscheinung, das Faust niederdrückt und ihm dabei das Gefühl der eigenen Kleinheit gibt[178]. Damit aber verbindet sich, insofern dem Menschen enthüllt wird, was ihm verborgen bleiben soll, das Schreckliche, Gräßliche. Es ist ein uralter Glaube, daß die Erkenntnis des dem Menschen Verbotenen ihn mit Abscheu, Schrecken, Widerwillen erfüllt. Der erste Mensch, der gegen Gottes Gebot von dem Baum der Erkenntnis gekostet, scheut sich vor seiner eigenen Blöße. Der Jüngling von Sais bleibt von Entsetzen gepackt, da er den Schleier der Gottheit gelüftet[179]. Darum warnt Goethe selbst in dem Gedichte »Genius die Büste der Natur enthüllend.«

Bleibe das Geheimnis teuer!
Laß' den Augen nicht gelüsten!
Sphynxnatur, ein Ungeheuer,
Schreckt sie dich mit hundert Brüsten.

Dazu der gute Rat, der auch Faust gilt:

Suche nicht verborgene Weihe!
Unterm Schleier laß das Starre!
Willst Du leben, guter Narre,
Sieh nur hinter dich ins Freie![180]

Dazu kommt endlich noch, daß für den Künstler Goethe des Ungeheuere auch ein ästhetisches Unbehagen erzeugt. »Soll das Ungeheure« — meint er später — nicht erschrecken; so muß es eine unnatürliche, scheinbar unmögliche Verbindung eingehen, es muß sich das Angenehme zugesellen[181]. Aus diesen Gründen also erscheint der Erdgeist, da ihn Faust mit unnatürlichen, verbotenen Mitteln Gestalt anzunehmen gezwungen hat, um ungeduldig eine Erkenntnis vorweg zu nehmen, die ihm erst im Lebensgange erwachsen sollte, in schrecklicher, widerlicher Gestalt[182].

Sobald aber der Geist verschwunden ist und Faust nicht mehr unmittelbar unter dem Banne des Schrecklichen steht, endlich gar sich sein Famulus Wagner angekündigt, denkt er nur noch daran, daß er gewürdigt worden ist, den Geist zu schauen, daß bei der Erscheinung, wenn er sie auch nicht völlig fassen konnte, ihm doch eine Fülle von Erschautem zu Teil geworden ist. Daher fühlt er sich auch, da Wagner sich naht, noch tiefer niedergedrückt wie durch des Geists Erscheinen[183]. Keineswegs ergreift ihn das Gefühl der Überlegenheit über ihn, sondern nur das, daß er durch ihn wieder zum Kleinlichsten und Beschränktesten der Menschennatur herabgezogen werde in einem Augenblicke da er sich in der Fülle dessen, was er gesehen hatte, zu verlieren sehnte.

Mit Recht konnte daher auch Faust die Erscheinung des Erdgeistes als sein höchstes Glück bezeichnen[184], vor allem aber wegen des danach erfolgenden Bundes mit dem Teufel. Der Widerwille des Dichters gegen diese ihm von der Sage gebotene Weiterführung des Dramas drückt sich aufs deutlichste in dieser bereits im Fragment mit V. 166 = 519 vorgenommenen Änderung aus[185]. Die Wendung des Motivs dahin, daß sich Faust an Wagners Kleinheit[186] aufrichtet, gehört der Ausgabe von 1808 an. Der Übergang aber von der alten zur neuen Fassung dieses Motivs ist noch deutlich. Das ursprüngliche Gefühl bricht durch in den Versen (606 f.):

> Darf eine solche Menschenstimme hier.
> Wo Geisterfülle mich umgab, ertönen?

Danach folgt der Übergang zu dem neuen, worauf sich dann das weitere aufbaut:

> Doch ach für diesmal dank ich dir,
> Dem Ärmlichsten von allen Erdensöhnen.

Die Entstehungszeit des ersten Monologs und der Erdgeistscene.

Wann sind nun der erste Monolog und die Erdgeistscene gedichtet? Diese Frage darf jetzt, da ihre Einheit erwiesen ist, für die ganze erste Hauptmasse gestellt werden. Denn gerade das, was man als sich widersprechend nachweisen wollte, deutet auf die innere Einheit im Geiste des Dichters hin. »In der Poesie gibt es keine Widersprüche«[187]. Wie sich für den

Schöpfer in der von ihm geschaffenen Welt nichts widerspricht, so auch im Geiste des Dichters. In ihn sich zu versetzen, ihn zu erkennen, ist die Aufgabe des, der seine Werke verstehen will. In dem Dichter, in dem, was er gelebt, empfunden, erschaut, geahnt, ersehnt hat, liegt auch der Schlüssel für das Verständnis seiner Dichtung. In dem ersten Monolog und der Erdgeistscene ist keine Zeile, die der junge Goethe nicht erlebt hätte, die nicht aus seinem lebendigen Gefühle geflossen wäre, natürlich auch keine so, wie er sie erlebt hatte[188]. Wenn auch dem Sohne des aufgeklärten Zeitalters, dessen Auswüchse er selbst bekämpft hatte, und dem er dennoch angehörte, auf Schritt und Tritt die alte Sage widerstrebte, so kehrt doch der Dichter immer wieder zu ihr zurück, und er ist so glücklich, aus seinem eigenen Leben den Stoff nehmen zu können, womit er die alte Form erfülle, wie es scheinen möchte, in dem Geiste der Überlieferung, in der That aber, indem er mit seinem Geiste das Alte neu belebte. War das nicht mehr möglich, dann brach die Dichtung ab. Denn Charakter und Thaten seiner Helden mußten sich mit Charakter und Thaten in ihm amalgamieren, wenn ein Werk sich völlig ausgestalten sollte[189].

Daher fragt es sich bei einem Werke Goethes immer: Wann waren diese Gefühle bei dem Dichter in dieser Weise lebendig, daß sie zu Motiven seiner Dichtung werden konnten? Wann rang er sich aus dem »Wirrwarr des Gefühls« mehr und mehr zur Klarheit durch, um endlich durch die Darstellung sich von allem Druck zu befreien und zu vollständiger Gewißheit über das, was ihn bewegte, zu gelangen. Äußerliche, zufällig überlieferte Entstehungsangaben fördern uns hier nicht viel; den Spuren seiner Motive muß nachgegangen werden[190]. Dabei hilft uns, was wir vom Leben des Dichters sicher und verbürgt wissen, vor allem aber seine gleichzeitige

Dichtung. Sie muß herangezogen werden, daß wir durch sie einen sicheren Boden gewinnen; sie gibt uns die Entstehung, Entwicklung und Ausbildung der Motive, die der Dichter immer wieder von neuem aus seinem Inneren holt, um sie für seine Dichtung fruchtbar zu machen. Dann können wir mit Bestimmtheit erklären: Um diese Zeit hat der Dichter diese Anschauung in sich in dieser Weise ausgebildet. Die Stelle ist also damals geschrieben. Das, was er geschaffen, ist das lebendige Kleid des dichterischen Geistes, das er sich selbst immer von neuem wirkt. Aus dem wechselnden Gewand müssen wir auf den Geist des Dichters schließen und in die Tiefen seiner Entwicklung eindringen.

Da nun im vorigen Schritt für Schritt die Entstehungsmotive aufgedeckt sind und sich aus dem von selbst sich aufdrängenden Vergleich mit der übrigen Dichtung des jungen Goethe, zumal da wir über ihre Entstehung besser unterrichtet sind, ein bestimmter Anhalt gewinnen ließ, so ist die Frage über die Entstehung der ersten Hauptmasse schon beantwortet.

Vor allem sprang uns der charakteristische Zusammenhang mit Werthers Leiden in die Augen. Wir wissen, daß dieser Roman schon Ende 1773 geplant war, daß er aber erst Anfang 1774, als die eigentümlichen Lebensumstände des Dichters selbst dafür sorgten, zur Ausführung kam[191]. Auch bei Werther erscheint der Unendlichkeitsdrang, aber nur als ein ungeheurer Hintergrund; auch er will sich Gott gleich heben, um Schaffenslust zu genießen; aber für ihn ist dies Streben eine Zeit, die hinter ihm liegt. Ihm ist von vornherein nicht die Kraft gegeben, es zu verwirklichen. Er fühlt den titanischen Drang des Übermenschen in sich, aber nicht seine Stärke. Er, dessen Geist nach dem Unendlichen griff, wird von einer Leidenschaft gepackt, die ihn ganz ausfüllt, die ebenso endlos werden muß, wie sein früheres Streben. Und auch jetzt wird ihm keine Befriedigung. Ein

Versuch, sich durch Thätigkeit zu befreien, mißlingt in der Enge des bürgerlichen Lebens, schneidet ihm dies Rettungsmittel ab und vermehrt noch den Druck der Einschränkung. Er befreit sich durch den Tod. Der geniale, nach dem Höchsten ringende Mensch stellt sich hier im bürgerlichen Kleide des 18. Jahrhunderts dar; allein er sollte nicht einmal in dem kleinen Leben die Befriedigung finden, die es sonst seinen Angehörigen, so seinem glücklichen Nebenbuhler, gab. Zugleich wird ihm die Enge dieses Lebens beschämend dargethan;—auch ein bürgerliches Drama. Vielleicht hat auch Goethe ursprünglich die Absicht gehabt, eines daraus zu machen[192]. Zunächst hatte er aber überhaupt nicht die Idee aus dem Sujet ein einzelnes Ganze zu machen. Seine Absicht war also den Grundgedanken des Werther, unendliches Streben im Kampfe mit menschlicher Einschränkung und seine Folgen, im Faust darzustellen, der ihn ja, wie wir aus Gotters Versen wissen, in jener kritischen Zeit beschäftigte. Das Leben brachte es anders; es schuf den unglücklichen Bruder Fausts, der frühe zu Grunde ging. Es war das ein großer Vorteil für den Dichter; was er im Werther weitläufig dargestellt hatte, brauchte hier nur, insofern sie wesensgleich waren, angedeutet zu werden. Allein Fausts Lebensgang sollte weitergeführt werden. Sein unendlicher Drang, der nach Befriedigung verlangte, durfte nicht nur als Hintergrund seines Lebens erscheinen: er durfte nicht völlig etwa in einer Leidenschaft aufgehen; er mußte der Faden der Handlung bleiben, selbst da, wo er verloren gegangen zu sein schien. Faust durfte nicht im kleinen Leben untergehen, er mußte hinaus in die Welt, ins Leben! Auch ihn faßt das Gefühl der Unbefriedigung und der kläglichen Enge seines Lebens; er verwünscht sein Leben, aber nicht das Leben überhaupt; er ist von gesünderer Konstitution als sein unglücklicher Bruder. Ihm schwindet nie die innere Kraft, wenn er sie auch nicht immer, im dunklen tappend, anzuwenden weiß. Er fühlt den

Mut zum Leben!

Aus alledem darf der Schluß gezogen werden, daß die erste Hauptmasse des Faust nach dem Werther gedichtet ist, daß gerade der Werther die innere Arbeit am Faust unterbrach, die erst nach seiner Vollendung wieder aufgenommen ward. Die erste Hauptmasse ist also frühestens im Jahr 1774 gedichtet.

Dazu stimmt auch völlig, was, wie wir gesehen haben, von religiöser und künstlerischer Anschauung und überhaupt von seiner Lebensanschauung hier dichterischen Ausdruck gefunden hat. In seinem Verhältnis zu dem Göttlichen offenbart sich die Erkenntnis, daß eine unmittelbare Annäherung unmöglich, dem Schmachtenden nicht vergönnt sei, aus dem Urquell des Lebens selbst sich schöpferische Kraft zu holen. Darum wendet er sich unwillig von der Gottheit ab. Der Zusammenhang mit der Gefühlswelt, der der Prometheus entsprungen ist, ist hier deutlich. Auch er wendet sich im heftigen Unwillen von den Göttern ab, da er sieht, daß sie ihm nichts geben können; aber er sucht alsdann in seinem Stolz alles in sich. Das thut Faust nicht. Der prometheische Trotz erscheint also hier schon überwunden. Auch in dem Drama Prometheus, das Ende 1773 gedichtet ist[193], ist der schließliche Sieg der Gottheit über den Empörer im voraus angedeutet. Mag sich daher auch Faust in prometheischem Unwillen abwenden, so erhebt er sich doch nicht in prometheischem Trotz gegen das Göttliche. Daß sich aber diese übermütige Aufwallung, die sich in stolzer Konzentration in sich gegen die Gottheit verschloß, so bald gelegt hatte, dazu trug nicht zum geringsten bei, daß der junge Goethe von neuem an die Grenzen menschlichen Vermögens erinnert worden war, bei seinen Versuchen auf dem Gebiete der bildenden Kunst, mit der er sich ernstlicher in den Jahren 1773/74 beschäftigte, einer Zeit, da das Dichten und Bilden unaufhaltsam mit einander ging[194]. Wir wissen, wie er in eigentümlicher Verkennung seiner Fähigkeiten daran glaubte, zum bildenden Künstler geschaffen zu sein. Damals schlägt ihm das Herz, da er zum ersten Mal in Öl zu malen beginnt: »Mit welcher Beugung, Andacht und Hoffnung, drück ich nicht aus, das Schicksal meines Lebens hängt sehr an dem Augenblick[195].«

Die nach Schöpfungskraft verlangenden Kunstgedichte dieser Zeit drücken dieselbe Sehnsucht im besondren Fall aus, die im Faust ins allgemeine gezogen ist; im einzelnen haben wir eine innere Übereinstimmung gefunden mit der wohl erst 1775 niedergeschriebenen kleinen Abhandlung: Nach Falkonet und über Falkonet. Endlich weist uns die Weltanschauung, wie sie der Dichter in dem Verhältnis des Erdgeistes zum Weltgeist und im Wesen des ersteren selbst geoffenbart hat, auf eine Zeit reiferer, nach und nach im Lebensgange gewonnener Erkenntnis hin. Es ist der Gedanke, daß das unbedingte Streben des Menschen innerhalb des Lebens auf dieser Erde in zielbewußter Thätigkeit das Höchste zu leisten versuche und nicht etwa in thörichtem Ansturm gegen die Schranken menschlicher Bedingtheit seine Kräfte unnütz verbrauche, womit sich denn für das Gedicht eine unendliche Perspektive eröffnete.

Ferner ist wohl nicht an der Thatsache zu zweifeln, daß Goethe das Zeichen des Makrokosmus Herdersche Gedanken der ältesten Urkunde an die Hand gaben und es ihm ermöglichten, alchemistische Anschauungen seinem Denken gemäß darzustellen. Das Buch Herders, für das Goethe wie Merck die größte Teilnahme zeigten, ist Ostern 1774 erschienen[196]. An eine spätere Einschiebung der Verse 86-93 = 439-446 darf natürlich nicht mit Scherer bei dem gerade hier ganz eigentümlichen Zusammenhang in den Versen 77-93 = 430-446 gedacht werden. Von einem

73

Sichwiederholen in der schönen Gedankenfolge ist ebenfalls keine Rede[197]. Scherer ist übrigens nur zu dieser Annahme gekommen, weil er eine spätre Mitteilung Goethes zu stark gepreßt hat. Er schreibt am 11. Mai 1820 an Zelter über Satyros: »Er fällt mir ein, da er eben ganz gleichzeitig mit diesem Prometheus in der Erinnerung vor mir aufersteht, wie du gleich fühlen wirst, sobald du ihn mit Intention betrachtest. Ich enthalte mich aller Vergleichung; nur bemerke, daß auch ein wichtiger Teil des Faust in diese Zeit fällt«. Daß zu diesem wichtigen Teil des Faust vor allem die erste Hauptmasse zu rechnen sei, hat man mit Recht angenommen.

Prometheus ist nun allerdings im Jahre 1773 gedichtet, aber Satyros gehört in seiner endgültigen Fassung, wie er in Goethes Werken steht, sicher erst in den Sommer 1774. Denn der Satyros oder der vergötterte Waldteufel, diese Satire auf die Geniefrechheit, ist zugleich auch ein Spott auf die prometheische Überhebung. Er steht also zeitlich dem Faust näher als Prometheus, wofür sich auch im weitren noch Anzeichen finden werden. Goethe selbst behauptete zwar in einem Gespräche mit der Fahlmer, er sei schon vor ihrer Abreise fertig gewesen[198]; es ist aber offenbar auch hier der Fall, was ein günstiges Geschick so oft bei seinen Schöpfungen eintreten ließ, daß im Fortgang des Lebens seinen dichterischen Plänen immer reicherer Stoff dargebracht wurde. So hat unbedingt die Bekanntschaft mit Basedow im Sommer 1774, auf den und nicht etwa gar auf Herder Satyros gedeutet werden muß, den Anlaß zu einem lebenswahreren Bilde des Helden und damit zur eigentlichen Vollendung des Werkes gegeben. Prometheus war der tiefernste Erguß eines sich mächtig erhebenden Gefühls nach Zeiten schweren Drucks. Auf demselben Boden wurzelt auch Faust. Satyros dagegen ist der Spott über genialische Anmaßung überhaupt, die aus der Tendenz nach unmittelbarer Natur entstehen mußte, ein Spott, der um so stärker in ihm rege ward, wenn er sich umschaute und sah, wie sein eignes Streben sich in andren ihm verzerrt entgegenstellte. Das Drama ist also aufzufassen als die Satire über das Genietreiben der Zeit, das sich auf verschiedene Weise in verschiedenen offenbarte. Individuelle Züge bot ihm das Leben dazu in Fülle, die er jedoch nie so benutzte, daß etwa seine Gestalten gar portraitartige Abbilder derer geworden wären, die ihm dazu gestanden hatten. Genie kämpft hier mit sich selbst[199]. Daher bricht auch durch das Zerrbild das reine Bild wahrer Genialität öfters in ergreifender Weise durch; denn das Genie selbst hat die Satire geschrieben, nicht Nicolai.

Nach alledem darf also angenommen werden, daß der erste Monolog und die Erdgeistscene im Jahre 1774 gedichtet sind, nach dem Werther, nach dem Erscheinen der ältesten Urkunde, nach der Rheinreise und der Bekanntschaft mit Jacobi. Am 13. August war Goethe wieder heimgekehrt.

Die Stimmung der dieser Reise folgenden Zeit, in der auf die Tage toller, überschäumender Lebenslust wieder ein Rückschlag eintrat, paßt vortrefflich zu dem eigentümlichen wehmütigen Tone jener ersten Scenen. Selbst aus den satirischen Hervorbringungen dieser Zeit weht ein andrer Hauch als aus den Keckheiten der Fastnachtspiele von 1773. Die empfindsame Grundstimmung kommt wieder mehr zum Vorschein, denn auch mit Werther war sie nicht ganz beseitigt; nur ihre schlimmsten Folgen waren zu eigener Warnung geschildert. Sie kehrte periodisch wieder; gehörte sie ja doch zu der inner eigensten Natur des Dichters[200]. Ebenso zeigt sich damals das Zurückkommen vom Überschwang des Titanismus. Auf beides weisen uns die Briefe jener Tage. Am Tage der Heimkehr schon schreibt er an Jacobi: »Ich schwebe im Rauschtaumel, nicht im Wogensturm, doch ists nicht eins, welcher uns an Stein schmettert? Wohl denen, die Thränen haben[201].« In einer solchen Stimmung hätte auch ihn der Erdgeist verschmäht. Daß der prometheische Trotz der Konzentration auf sich allein gewichen ist, zeigen die folgenden Worte aus einem Briefe an Jacobi vom 21. August: »daß zwar herrlich ist selbstständig Gefühl, daß aber antwortend Gefühl wirken der macht, ist ewig wahr, und so dank deinem guten Geist und so wohl unsern Geistern, daß sie sich gleichen[202]. In diesem Gefühle zog sich sein Faust nicht auf sich selbst zurück, sondern wandte sich dem Erdgeist zu, im Glauben, ihm zu gleichen. Am 24. August schreibt er an Sophie La Roche: »Was ist das Herz des Menschen? sind der wirklichen Übel nicht genug? Muß es sich auch noch aus sich selbst phantastische schaffen! Doch was klag ich! Die Unruhe und Ungewißheit sind unser Teil und lassen Sie uns die tragen mit Mut, wie ein braver Sohn, der die Schulden seines Vaters übernommen hat[203].«

Am 31. August richtet er an Jacobi die schönen Worte, wie der Mensch sich nicht schweifenden Geistes an den Schöpfungen anderer genügen lassen dürfe, sondern selbst für seinen Teil thätig sein müsse »in herzlich wirkender Beschränkung[204]«. Am 15.(?) September klagt er wieder der Freundin: »ich muß die Welt lassen, wie sie ist, und dem heiligen Sebastian gleich, an meinen Baum gebunden, die Pfeile in den Nerven, Gott loben und preisen[205]. Was wird aus mir werden?« ruft er aus[206]. »Ich bin stürmisch, verworren, und hafte doch nur auf wenig Ideen.« schreibt er am Anfang des October[207]. Am 10. October ist nach seiner Angabe die schöne Allegorie an Schwager Kronos gedichtet. Die Zeit, die im Prometheus als allmächtige Gottheit, als Herr der Götter und Menschen erscheint, wie sie auch Pindar den Herrn aller nennt, die seinem Erdgeist der sausende Webstuhl ist, an dem er das Kleid der Schöpfung wirkt, ist ihm hier Führer des Lebenswagens.

Rasch ins Leben hinein! ruft er ihm zu; aber der Gedanke an den Untergang drängt sich ihm auch hier auf. Er fühlt Mut zum Leben und zum Sterben, wie sein Faust. Am 15. Oktober aber berichtet bereits Boie: »Sein Dr. Faust ist fast fertig und scheint mir das Größte und Eigentümlichste von allem.« Bald danach hält er wieder Einkehr in sich, wie später seine Iphigenie in der höchsten Gefahr[208]: »Ich lag zeither stumm in mich gekehrt und ahndete in meiner Seele auf und nieder, ob eine Kraft in mir läge, all das zu tragen, was das eherne Schicksal künftig noch mir und den meinigen zugedacht hat; ob ich einen Fels fände, wohin ich im letzten Notfall mich mit meiner Habe flüchtete[209].« Das Schicksal kam ihm am Ende des Jahres von selbst zu Hülfe. Seit dem 11. Dezember 1774 richtete sich sein Blick mehr und mehr nach Weimar. Sollte es ihm gelingen, aus seiner kleinen Welt hinauszukommen in eine größere?

Über die Sprache der ersten Hauptmasse kann hier im einzelnen nicht abgehandelt werden; im allgemeinen ist es, da sie großenteils ein unmittelbarer lyrischer Erguß gegenwärtiger Gefühle Fausts ist, auch die Sprache lebendiger Empfindung, wie sie sich besonders in der Frankfurter Zeit unter dem Einfluß von Klopstocks und Herders Empfindungssprache entwickelte und ihren Höhepunkt in Werthers Leiden erreichte: Sie ist reich an bestimmten Wendungen, Lieblingsausdrücken, Attributen, durch deren Gebrauch sie ihr eigentümliches, selbst formelhaftes Gepräge erhält. Hier sei nur auf einzelne Eigentümlichkeiten hingewiesen, die grade für die Entstehungszeit der ersten Scenen bemerkenswert sind. Es ist dies die Anwendung des Wörtchens »all« in unflektierter Form, das grade in Werthers Leiden in überreichem Maße angebracht ist. Goethe hat es hier wie dort bei der ersten Herausgabe seiner Werke teils getilgt, teils durch die flektierte Form oder anderswie ersetzt. Sechsmal hat es der

Dichter im Anfang des Faust verwertet: V. 17 = 370 »all Freud«, später »alle Freud'«—V. 43 = 396 »von all dem Wissensqualm« (von allem).—V. 49 = 402 »von all dem Bücherhauf« (mit [von] diesem Bücherhauf). V. 61 = 414 besonders charakteristisch: »statt all der lebenden Natur« (statt der lebendigen Natur).—V. 82 = 435 »all das innere Toben« (das i. T.)—V. 112 = 462 »All Erden Weh und all ihr Glück« (der Erde Weh, der Erde Glück).

Erwähnenswert ist auch das Zeitwort »erwühlen« in V. 127 = 479. Das zusammengesetzte Wort kommt in übertragener Bedeutung nur hier beim jungen Goethe vor[210]. Das einfache ist dagegen ein Lieblingswort des Dichters auch noch in späterer Zeit; aber vor dem Jahre 1774 läßt es sich bei ihm nicht nachweisen, während das Substantivum Gewühl sich schon in den Mitschuldigen findet[211]. In den Briefen erscheint es erst seit 1775: Br. 2. N. 286 an Gräfin Stolberg vom Januar 1775. S. 230: »wenn das Bild des Unendlichen in uns wühlt;« und in Nr. 363 vom 26. October an dieselbe das Compositum durchwühlen; dagegen lesen wir es öfters in den Gedichten von 1774: »hingewühlt« d.j.G. 3. 161. wühlen 3. 162. durchwühlend. 3. 170.—in Erwin (1775) wühlenden. 3. 512.—ebenda: Wühlen 3. 521. in Stella (1775) durchwühlen. 3. 640.—Zu »eratmend« V. 134 = 186 vergl. d.j.G. 3. 159. (3. 180. wohler atmend?)—zur Erklärung: Br. 2. Nr. 83. S. 8. 20 ff.—

Leben.

Der Verfasser dieser Abhandlung, Josef Collin, ist am 2. Februar 1864 zu Mainz geboren; er besuchte in den Jahren 1873-1881 das Gymnasium seiner Vaterstadt und bezog alsdann die Universität Gießen, um sich dem Studium der alten Sprachen, des Deutschen und der Geschichte zu widmen. Seine Gießener Studienzeit, die nur durch einen Aufenthalt an der Berliner Hochschule im Sommersemester 1883 unterbrochen wurde, schloß Anfang 1886 mit bestandener Lehramtsprüfung ab. Nachdem er hierauf am Gymnasium zu Mainz sein Probejahr beendet und danach seiner militärischen Dienstpflicht genügt hatte, fand er an dem Gymnasium zu Darmstadt und später für längere Zeit an dem zu Laubach Verwendung. Herbst 1891 ward ihm auf sein Nachsuchen ein halbjähriger Urlaub zur Fortsetzung seiner Studien in der deutschen Sprache und Litteraturgeschichte auf der Landesuniversität gewährt, nach dessen Ablauf er am Realgymnasium zu Gießen verwendet ward. Daselbst ward er Dez. 1892 fest angestellt. Gern benutzt er die Gelegenheit, da er zum ersten Mal mit einer wissenschaftlichen Arbeit vor die Öffentlichkeit tritt, seiner verehrten Lehrer, der Herren Professoren Bratuscheck, Braune, Clemm, Kirchhoff, Oncken, Paulsen, Philippi, Roediger, Schiller, Schmidt, Siebeck dankbaren Sinns zu gedenken und zuletzt Herrn Prof. Behaghel für die ihm während seines Urlaubs erwiesene Teilnahme und Förderung seinen Dank auszusprechen.

Collin.

FUSSNOTEN

[1]

Vergl. Düntzer. Neue Beiträge zur Goetheforschung 1891. S. 153 ff.

[2]

Werke Bd. 14. — G. F. in ursprünglicher Gestalt nach der Göchhausenschen Abschrift herausgegeben von E. Schmidt. Zweiter Abdruck. Weimar, Böhlau 1888.

[3]

W. Bd. 14. S. 290 ff.

[4]

F. ein Fragment von Goethe, herausgegeben von W.L. Holland. Freiburg. 2. Aufl. 1882, und v. B. Seuffert, D. Litteraturdenkmale des 18. u. 19. Jahrh. N. 5.—W. Bd. 14.

[5]

Das Volksbuch von Dr. Faust (1587). Neudrucke deutscher Litteraturwerke des 16. und 17. Jahrh. N. 7 u. 8.—Das Faustbuch des christl. Meinenden. D. Litteraturdenkmale. N. 39.

[6]

Herausgeg. von Engel.

[7]

W. Bd. 11.

[8]

Br. 2. N. 148. S. 85.

[9]

D.j.G. 2. S. 28 ff.

[10]

Vergl. z.B. Sauer in der Einleitung zu »Stürmer und Dränger« (Deutsche Nationallitteratur, herausgegeben von J. Kürschner, Bd. 79 1. S. 29 f.)

[11]

D.W. T. 2. B. 10. W. Bd. 27 S. 321.

[12]

W. Bd. 4 S. 347.

[13]

Vergl. auch Minor u. Sauer, Studien zur Goethephilologie S. 77.

[14]

D.W. T. 2. B. 8. W. Bd. 27. S. 203 ff. und Ende des 8. Buches.

[15]

Noch kräftiger drückt sich der gleichzeitige Satyros aus: Kein Mensch ist so weis' und klug als ich. (D.j.G. III. 477.)

[16]

W. Bd. 2. S. 1. ff.

[17]

Br. 2. N. 85. an Herder. Ende 1771. (S. 11.)

[18]

Vorzüglich auf das Motiv der äusseren Beschränkung gründet sich die zur Zeit der dritten Faustbeschäftigung gedichtete Ballade »Der Schatzgräber«. Es ist überhaupt zu beachten, wie sich auch damals die Arbeit am F. in der übrigen Poesie abspiegelt.

[19]

D.j.G. 3. S. 242 f.

[20]

a.a.O. 3. S. 198 ff.

[21]

Br. 2. X. 208. S. 147 f.

[22]

Gespr. Bd. 7. S. 10.

[23]

D.j.G. 3. 690.

[24]

Vergl. auch Goethe in Lavaters Physiognomik: Und so begierig der Mensch zu sein scheint, die wahre Beschaffenheit eines Dings und die Ursachen seiner Wirkungen zu erkennen, so selten wirds doch bei ihm unüberwindliches Bedürfnis. (V.d.H. S. 40.)

[25]

D.j.G. 3. 157. In eine Zeichenmappe. An Merck.

[26]

Dazu das spätere Epigramm: Problem. W. 2. 272.

[27]

Aufsätze über Goethe S. 315. G. I. 6. (1885.)

[28]

Scherer a.a.O. S. 315.

[29]

D.j.G. 3. 327.

[30]

Man vergl. Goethe in Lavaters Phys. 1. Zugabe: (v.d.H. S. 83.) Was den Menschen umgibt, wirkt nicht allein auf ihn, er wirkt auch wieder zurück auf selbiges, und indem er sich modificieren läßt, modificiert er wieder rings um sich her. So lassen Kleider und Hausrat eines Mannes sicher auf dessen Charakter schliessen. Die Natur bildet den Menschen, er bildet sich um, und diese Umbildung ist doch wieder natürlich; er, der sich in die große, weite Welt gesetzt sieht, umzäunt, ummauert sich eine kleine drein und staffiert sie aus nach seinem Bilde.—(Das ist deine Welt, das heißt eine Welt!)—Herder W. 1. 249. von dem Kritiker: als ein zweiter Pluto bewacht er altes angeerbtes Gerät und ehrwürdigen Auskehricht der Litteratur: u.s.w.—vergl. auch noch D.j.G. 3. 690.—

[31]

Durchaus nicht beachtet hat ihn z.B. Gwinner, Goethes Faustidee u.s.w. Frankfurt a.M. 1892. Er hält gerade das für die Grundidee des Goethischen Faust, was viel eher die des F. der Sage zu nennen wäre!

[32]

Neue Faustkommentare; in d. Aufs. über G. S. 278.

[33]

F. 2. Teil. V. 11404 ff. (Bd. 15. 1. S. 307.)

[34]

Dies übersieht z.B. K. Fischer. (Goethes Faust nach seiner Entstehung, Idee und Komposition; 2. Aufl. Stuttg. 1887.) Er läßt die Sage zu wenig zu ihrem Recht kommen und betont allzu stark und zu formelhaft den Grundgedanken dieser doch episodischen zweiten Partie. (S. 430 ff.) Von hier aus allein darf aber Fausts Charakter nicht aufgefaßt werden, wenn sie auch zur Charakteristik des Dichters besonders wertvoll ist.

[35]

Betrachtungen über Faust a.a.O. S. 311 ff.

[36]

A.a.O. S. 323.

[37]

Die neue Ausgabe des Faust von Calvin Thomas, (Boston, 1892) der sich in seiner Einleitung ebenfalls gegen Scherer wendet, konnte hier noch nicht benutzt werden. (Vergl. Geigers Anzeige in der Beilage zur Allgem. Zeitg. 1892. N. 253.)

[38]

So faßt es auch z.B. noch Graffunder, Preuß. Jahrb. 68. S. 717.

[39]

Vergl. Minor u. Sauer, Studien zur Goethephilologie S. 77 ff.

[40]

D.j.G. 2. 11.

[41]

a.a.O. 2. 29.

[42]

F. V. 1141 f. = 3449 f. —S. 82. Z. 55 f. —S. 227. Z. 68.

[43]

D.j.G. 2. 4.

[44]

a.a.O. 3. 434.

[45]

a.a.O. 3. 237.

[46]

a.a.O. 3. 298. 373.

[47]

a.a.O. 3. 629.

[48]

a.a.O. S. 310 f. —

[49]

Wagner. 2. 9.

[50]

D.j.G. 3. 690., man vergleiche auch die sinnverwandte Stelle in Stella 3. 665. — es ist so licht, so offen um mich her, und ich freue mich des! — Er ist wieder da! Und in einem Wink steht rings um mich die Schöpfung lebevoll und ich bin ganz Leben —

[51]

D.j.G. 3. 169. — Br. 2. 266 a vom 4. Dez. 1774. —

[52]

D.j.G. 3. 689.

[53]

W. 6. 193 ff.

[54]

Br. 2. 231. S. 172 f. vergl. auch 2. 228. S. 169 vom 16. Juni 1774.

[55]

Aus Goethes Frühzeit; Q. F. 34. S. 71 ff.

[56]

W. 6. S. 258.

[57]

a.a.O. S. 267.

[58]

a.a.O. S. 269.

[59]

a.a.O. S. 293.

[60]

Wagner. 1. S. 10. vom Oktober 1770.

[61]

W. 6. 298.

[62]

a.a.O. S. 298.

[63]

a.a.O. S. 339.

[64]

a.a.O. S. 340 f.

[65]

a.a.O. S. 351.

[66]

a.a.O. S. 471. 484.

[67]

Man vergl. hierzu aus Künstlers Erdewallen die Verse:

Aurora, wie neukräftig liegt die Erd um Dich,

Und dieses Herz fühlt wieder jugendlich,

Und mein Auge, wie selig Dir entgegen zu
weinen.

D.j.G. 3. 198. Jacobi in seinem Allwill macht diese zur Mode gewordene Verehrung der Morgenröte auch mit. Br. vom 8. März; Ausg. v. 1812. Bd. 1. S. 25 f.—Was den Weisen betrifft, so ist natürlich an keine bestimmte Person zu denken, nicht etwa an Herder, wie Scherer thut. Was bei Goethe der Weise ist, ist bei Herder Gott selbst. Es ist nur eine Wendung, wie sie auch Goethe sonst gebraucht; vergl. d.j.G. 3. 487. Der Weise sagt:—Der Weise war nicht klein—Nichts scheinen, aber alles sein.

[68]

Vergl. D.u.W. 2. T. B. 8. (Werke 27. 204 f.): Mir wollte besonders die Aurea Catena Homori gefallen, wodurch die Natur, wenn auch vielleicht auf phantastische Weise, in einer schönen Verknüpfung dargestellt wird;— —

[69]

W. 6. 380.

[70]

W. 27. 204.

[71]

Graffunder: Der Erdgeist und Mephistopheles in Goethes Faust. (Preuß. Jahrb. 68. S. 705.)

[72]

Mit Unrecht wirft ihm Scherer Mangel an malerischer Anschaulichkeit vor; er hat übersehen, daß hier nicht, wie in den vorhergehenden Versen, von dem Weltall selbst, sondern nur von einer bildlichen Darstellung seiner

Harmonien die Rede ist. (Herder im Faust. Aus G. Frühzeit S. 74.)

[73]

a.a.O. S. 73.

[74]

D.j.G. 3. 483 f.

[75]

Den Gegensatz, dessen sich Faust hier bewußt wird, bezeichnet der Goethe geistesverwandte Herder so: —aber das ist doch alles nur totes Bild. Witz einer schönen Vergleichung—wenns Leben, Anschauen, unmittelbares Gefühl der allwirkenden Gottheit sein konnte. W. 6. S. 221.

[76]

Das Bild hat also durchaus nichts Widerwärtiges.

[77]

D.j.G. 3. 168.—Vergl. zu diesen Ausführungen auch Gwinner a.a.O. S. 182 f.—

[78]

D.j.G. 3. 173.

[79]

Br. 2. N. 266. vom 5. Dez. 1774.

[80]

D.j.G. 3. 291.

[81]

D.j.G. 3. 181.

[82]

D.j.G. 3. 331.

[83]

Br. 2. S. 266.

[84]

Paralipomena 1 (W. 14. 287.)—Vergl. Harnack, Vj.-schr. f. Littgesch. 4. 169.—Pniower, ebenda 5. 408 ff.

[85]

Hier ist die Grundlage des M. zu suchen, nicht wie Graffunder meint, in den alchemistischen Werken; (a.a.O. S. 704 f.) ihre Vorstellungen verbinden sich mit denen Goethes dann weiterhin um so besser, da sie ja auch dieselbe Quelle hatten.

[86]

D.j.G. 3. 695.

[87]

A.a.O. 3. 290 f.

[88]

Sehr bezeichnend ist für V. 438 die spätere Einschaltung: rings um mich her, während Faust ursprünglich so wenig wie Werther sich auf die rings umgebende Natur beschränkte, sondern ihr Blick von da aus weiterschweifte über das All der Schöpfung.

[89]

D.j.G. 3. 291.

[90]

Von deutscher Baukunst. D.j.G. 2. 209 f. Man vergl. auch in Künstlers Erdewallen den Künstler vor dem Bild der Venus Urania:

> Meine Göttin, deiner Gegenwart Blick
> Überdrängt mich wie erstes Jugendglück,
> Die ich in Seel und Sinn, himmlische Gestalt,
> Dich umfasse mit Bräutigams Gewalt.

Bewerkenswert ist auch hier eine Stelle aus Jacobis Allwill, (Br. Nr. 16. vom 30. März. S. 147 f.) die offenbar nach Herderisch-Goethischer Vorlage geschaffen ist. Allwill begeistert sich hier am Anblick einer Linde:

Erquickendes Grün, die lieblichste Farbe im schönsten Wechsel, tanzend und spielend mit dem Lichte.—Das ist es—ja das, und weiter nichts, was deinen Blick an diese leise wehende Lindenkrone heftet; was mit sanftem Entzücken deinen Busen füllt; in dir alle Regungen der Liebe weckt, und dich begeistert! Das und weiter nichts?... Jener Leben und Liebe erweckende Schein, eine Schrift ohne Sinn und Sprache? Davon klopfte mir so das Herz, drängte mich so mein Geist, heiterte sich mein ganzes Wesen, daß ich leere Züge ohne Bedeutung anschaute?———du winkest mir aus deiner Herrlichkeit auf jene Blätter im Erstreben ihres höchsten Daseins, wie sie längs den saftvollen Ästen in jugendlicher, kraftvollster Gestalt sich brüsten—du winkest... O, höher schlägt mir das Herz, fröhlicher schwingt mein Geist seine Flügel. Ich sehe!—die ganze Fülle, die ganze Kraft des Wesens da; das war es, was mich ergriff, mich durchdrang, sich mir darstellte, als ich erkannte und nicht wußte vor Entzücken! Wohl uns! So bringt die Natur ihren gesamten Inhalt dem Menschen ans Herz und unterrichtet ihn auf die lieblichste Weise unmittelbar u.s.w.

[91]

Aber nicht: Weg mit dem Buche! wie Kuno Fischer, Goethes Faust u.s.w. S. 427 meint; denn Fausts Unwille gilt nicht ihm, sondern seiner Unfähigkeit, das Weltall zu umfassen.

[92]

Diese Beschwörung übersieht wieder Fischer a.a.O. S. 427 und 429 völlig und nimmt nur die erstere, die natürliche Magie des Geistes an. »Die Beschwörung geschieht nach keiner Vorschrift aus einem Buche der Magie, nach keiner kabbalistischen Formel, sie enthält nichts von Zauberkram;« damit ist jedoch die scenarische Zwischenbemerkung nach V. 129 = 481 völlig außer Acht gelassen. Allzu großen Wert legt Fischer ferner darauf, daß F. nicht die Hölle und ihre Geister, sondern die Erde anrufe. Allein damit macht der moderne Dichter nur vorübergehend seiner Empfindungsart ein Zugeständnis. Schließlich beschwört Faust doch den Teufel. Hierin liegt auch der Grund für Fischers verkehrte Ansicht. Mephistopheles sei ursprünglich nicht als Teufel gedacht. — Einen ähnlichen Fehler macht auch Gwinner a.a.O. S. 201, wenn er behauptet, F. bringe den E. durch die anhaltend gesteuerte Energie zur Erscheinung.

[93]

Betrachtungen über F. a.a.O. S. 322.

[94]

V. 136 = 488; 138 = 490.

[95]

D.j.G. 3. 450.

[96]

A.a.O. 3. 236.

[97]

D.W.T. 3. B. 12. W. 28. S. 149.

[98]

A.a.O. S. 322.

[99]

Paralip. 1. W. 14. S. 287.—Der Erdgeist wirkt also nicht etwa auf Fausts Wissensdrang ein; sondern ruft in ihm den Lebensdrang hervor. Mit jenes Erscheinen wird grade der Übergang zum eigentlichen Thema des F. gemacht: durch Lebenskenntnis zur schöpferischen That. Vergl. Vischer, Goethes Faust, Neue Beiträge zur Kritik des Gedichts S. 15.

[100]

Graffunder a.a.O. S. 706 f.

[101]

G. I. 7. (1886) S. 242.

[102]

F.G.A. N. 88. vom 3. Nov. 1772. (S. 582.)

[103]

Man vergl. Herders Recension über Kants Träume eines Geistersehers. (W. 1. S 125 f.)

[104]

D.j.G. 2. 10.

[105]

F.G.A. N. 70 vom 1. Sept. 1772.—S. 463.

[106]

D.j.G. 2. 7. ff.—vergl. auch W. Tischbeins Idyllen. W. 3. S.

122 N. 1.

[107]

F.G.A. N. 101. v. 1772. S. 666.

[108]

D.W. 1. Teil. B. 1. W. 26. S. 43.

[109]

Loepers Anmerkg. N. 36 zu dieser Stelle; S. 257.

[110]

D.W. a.a.O. S. 63.—vergl. auch den Schluß des 4. B. S. 255.

[111]

F.G.A. a.a.O. S. 667.

[112]

D.j.G. 3. 469 f.

[113]

D.j.G. 3. 292.

[114]

W. 26. s. 255.

[115]

de occulta philosophia, s. Graffunder a.a.O. S. 707.

[116]

Vergl. auch den Aufsatz »Die Natur« von 1782: Leben ist ihre schönste Erfindung, und der Tod ist ihr Kunstgriff viel Leben zu haben. (Im Journal von Tiefurt; Schriften der Goethe-Gesellschaft Bd. 7. S. 260.)——Darüber auch

Gwinner a.a.O. S. 128.

[117]

Auch das spätere Schema (Paralip. 1. W. 14. S. 287.) macht diesen Unterschied zwischen Lebensgenuß und dem Thatengenuß, dem bewußten wie dem unbewußten. Denn das »von außen gesehen« oder »nach außen« bezeichnet dort eben den unbewußten G. im Zustand der Dumpfheit, indem der Mensch noch nicht zu klaren Ideen durchgedrungen ist.—Falsch verstanden von Pniower, Vj. f. Littgesch. V. S. 409.

[118]

W. 27. S. 12.

[119]

Meine Göttin (W. 2. S. 59 f.).

[120]

D.W. T. 3. B. 12. W. 28. 108.

[121]

Br. 2, N. 88, Mitte Juli 1772 an Herder; S. 16.

[122]

D.j.G. 2. 101.

[123]

A.a.O. 2. 84.

[124]

A.a.O. 2. 103.

[125]

A.a.O. 3. 346.

[126]

A.a.O. 2. 26.

[127]

In diesem Sinne erhält später der Schatzgräber die Mahnung: Trinke Mut des reinen Lebens!—-Darauf baut sich ein thätiges und fröhliches Leben auf: Tagesarbeit! Abends Gäste! Saure Wochen! Frohe Feste!—W. 1. 182.—Ein dreifaches Leben nimmt G. auch in den Sprüchen an: Das Höchste, was wir von Gott empfangen haben, ist das Leben, die rotierende Bewegung der Monas um sich selbst, welche weder Rast noch Ruhe kennt; der Trieb, das Leben zu hegen und zu pflegen, ist einem jeden unverwüstlich eingeboren, die Eigentümlichkeit desselben jedoch bleibt uns und anderen ein Geheimnis. Die zweite Gunst der von oben wirkenden Wesen ist das Erlebte, das Gewahrwerden, das Eingreifen der lebendig bewegten Monas in die Umgebungen der Außenwelt, wodurch sie sich selbst erst als innerlich Grenzenloses, als äußerlich Begrenztes gewahr wird... Als drittes entwickelt sich nun dasjenige, was wir als Handlung und That, als Wort und Schrift gegen die Außenwelt richten. (N. 1028-30.)—Danach wäre also der Erdgeist der Geist des Lebens an sich, des bewußten Lebens und des thätigen Lebens. Zu einseitig faßt ihn darum z.B. F.A. Mayer Ztschr. f. östr. Gymnas. XL. S. 298, als Geist der That, ebenso H. Schmidt als den der Geschichte (Preuß. Jahrb. 39. S. 375)—völlig verkehrt aber Rieger (G. Faust nach s. religiösen Gehalte), wenn er gar behauptet, er habe keinen Teil, an dem, was wirklich Leben heißt!

[128]

v. d. Hellen. S. 199 ff.

[129]

A.a.O. S. 186.

[130]

A.a.O. S. 201.

[131]

Br. 2. N. 148 vom 7. Mai 1773. S. 85.

[132]

Ethik. II. Zusatz zum 13. Lehrsatze.

[133]

Br. 2. N. 249, vom 15. September 1774. S. 196.

[134]

Br. 2. N. 88 aus Mitte Juli 1772. S. 16 mit Beziehung auf Herders Worte in seiner Recension über Denina vom 7. Juli 1772 in den F.G.A. S. 355. Z. 10. G. hatte also die Rec. schon gelesen, da er den Brief schrieb. Vergl. den Schluß des Briefes. S. 19. Dies hat Steig, Vj.-schr. V. S. 232. übersehen.

[135]

Br. 2. N. 88. S. 16.

[136]

A.a.O. S. 17.

[137]

Diese Pindarstelle ist aus Teilen zweier Oden zusammengesetzt. Olymp. 2. 94 ff. u. besonders Nem. 3. 41. ff. Vor allem in der letzteren ist das Schweifende in den verschiedensten Wendungen seinen Symptomen

entsprechend ausgedrückt: — — ψεφεννὸς ἀνὴρ ἄλλοτ'
ἄλλα πνέων οὔποτ' ἀτρεκέι κατέβα ποδί, μυριᾶν δ'ἀρετᾶν
ἀτελεῖ νόῳ γεύεται (ein dunkler Mann, wandelt er dahin
dorthin keuchend, unsicheren Schrittes, kostet von
tausenderlei Gutem halben Sinnes).

[138]

Br. 2. N. 231 an Schönborn vom 8. Juni 1774. S. 174.

[139]

Br. 2. Nr. 843. v. 3. Aug. 1775 an G. Stolberg. S. 275.

[140]

D.W. Teil 3. B. 14. W. 28. S. 250.

[141]

D.j.G. 2. 184.

[142]

v.d.H. S. 199.

[143]

Man vergleiche für diese Auffassung Goethes spätere
Äußerung in dem Aufsatze Shakespeare u. kein Ende:
Shakespeare gesellt sich zum Weltgeist, er durchdringt die
Welt wie jener (H. 28. S. 731).

[144]

Auch K. Fischer a.a.O. S. 431 hat nicht richtig erkannt,
weshalb der Erdgeist Faust verschmähe, wenn er bemerkt:
»Der Erdgeist sieht nur die Ohnmacht des
Phantasierausches, der das Leben und dessen Mächte nicht
kennt; u.s.w. — — —«

[145]

Briefe Goethes an S. v. La Roche u.s.w. herausgegeben von Loeper S. 56 (geschr. am 18. Juli 1774).

[146]

D.j.G. 3. 501 N. 7; vergl. auch 3. 489:

> O Freund, der Mensch ist nur ein Thor,
> Stellt er sich Gott als seinesgleichen vor.

[147]

Br. 2. Nr. 363 v. 26. Oktober 1775. (S. 303.)

[148]

Vergl. Gespr. 2. S. 180 mit Riemer am 2. August 1807: »Alle Philosophie über die Natur bleibt doch nur Anthropomorphismus, d.h. der Mensch, eins mit sich selbst, teilt allem, was er nicht ist, diese Einheit mit, zieht es in die seinige herein, macht es mit sich selbst eins. Um die Natur zu erkennen, müßte er sie selbst sein. Was er von der Natur ausspricht, das ist etwas, d.h. es ist etwas Reales, es ist ein Wirkliches, nämlich in Bezug auf ihn. Aber was er ausspricht, das ist nicht alles, es ist nicht die ganze Natur, er spricht nicht die Totalität derselben aus.« So auch Faust nicht die Totalität des Erdgeistes. Er ist ihm also nicht wesensgleich, wie z.B. Vischer, Goethes Faust, Neue Beiträge zur Kritik des Gedichts S. 263, glaubt, sondern nur ein Teil von jenes Kraft; er hält sich auch keineswegs für gleich groß, worin Vischer die Ursache seiner Verschmähung sucht, sondern grade für wesensgleich oder doch wesensähnlich.

[149]

D.W. T. 2. B. G. W. 27. S. 276. Unsere Wünsche sind Vorgefühle der Fähigkeiten, die in uns liegen, Vorboten desjenigen, was wir zu leisten imstande sein werden, u.s.w.;

vergl. a.a.O. T. 3. B. 11. W. 28. S. 50.—

[150]

W. 3. S. 24.

[151]

D.W. T. 4. Bd. 20. S. 173.

[152]

D.j.G. 2. 3 ff.

[153]

Vergl. dazu Elisabets Ansicht über das Gebet in dem ältesten Götz; (D.j.G. 2. 99.) über Goethes Pelagianismus D.W. T. 3. B. 15. W. 28. S. 305.

[154]

D.j.G. 2. 28.

[155]

a.a.O. 2. 30.

[156]

a.a.O. 3. 181.—Auf diese Ode bezieht sich wohl die Stelle in dem Briefe an die Fahlmer vom 9. April 1773. (Br. 2. N. 74.) ------konnt ich Ihnen——länger nicht vorenthalten, warmer Jugend gute Frühlingsempfindungen, daran Sie sich denn erbauen werden, an dem heiligen Leben mehr als am heiligen Grabe, hoff ich.

[157]

D.W. T. 1. B. 5. W. 26. S. 320.

[158]

Über Goethe u. Spinoza vergl. z.B. Rößler, die Entstehung des F. Grenzboten. 1883. IV. S. 494.

[159]

Eins u. Alles. W. 3. 81. Vergl. auch, was er über das Gedicht »Weltseele« am 20. Mai 1826 an Zelter schrieb: »Das Gedicht stammt aus der Zeit her, wo ein reicher jugendlicher Mut sich noch mit dem Universum identificierte, es auszufüllen, ja, es in seinen Teilen wieder hervorzubringen glaubte.« Es gehört der Zeit der zweiten Jugend, der dritten Beschäftigung mit Faust an.

[160]

Die wahre Bedeutung der Erdgeistscene liegt also darin, daß der im Dunkeln wandelnde F. auf das Leben hingewiesen wird, nicht etwa in dem, worin sie Gwinner sucht S. 215, in der Veranschaulichung der mit der falschen Richtung und mit dem Mißbrauche des Erkenntnistriebes verbundenen Hochgefahr!! Die Scene steht also mit der Idee des F. in keiner Incongruenz (S. 214). — Die Mission des Erdgeists ist mit jenem Hinweis erfüllt; daher ist auch nicht mit Fischer S. 431 an eine nochmalige Erscheinung zu denken. Eine absteigende Linie ist es, die vom Makrokosmus zum Erdgeist zum Teufel führt, um aus der Hölle durch die Welt zum Himmel wieder aufzusteigen.

[161]

D. j. G. 2. 213 f.

[162]

A.a.O. 2. 241.

[163]

A.a.O. 3. 481 f.

[164]

A.a.O. 3. 159.

[165]

W. 2. S. 94 ff. (Hempel.)

[166]

W. 2. 83.

[167]

W. 2. 81 f.

[168]

W. 2. 86.

[169]

W. 14. V. 1660 ff.

[170]

W. 15. V. 11442 ff.

[171]

Maskenzug von 1818. Der junge Dichter hat bekanntlich vor dem Teufels-Bündnis Halt gemacht; erst später ist die die angedeutete Verknüpfung gelungen. Die älteste Dichtung führt uns bezeichnender Weise nur Faust vor und nach dem Bunde vor; und gerade dieser erste Teil, der uns Faust auf einer Höhe zeigt, die fast der gleichkommt, auf der sein Dichter stand, ist mit besonderer Liebe ausgemalt.

Faust und die Natur, der Makrokosmus, der Erdgeist, und endlich auch Faust und Wagner, lauter glänzende Bilder;

aber nun Faust und der Teufel! Dazu konnte sich der junge Goethe noch nicht verstehen, obwohl er ja jene hellen Bilder gemalt hatte, um seinem eigenen Empfinden ein Zugeständnis zu machen und nicht sofort mit dem Dunkel beginnen zu müssen.

[172]

W. 15. 2. S. 199. Ankündigung des Zwischenspiels zu Faust

[173]

Bemerkenswerth für die Entstehung des Faust ist, wie G. sich die des Hamlet dachte: So kam Shakespearen der erste Gedanke zu seinem H., wo sich ihm der Geist des Ganzen als unerwarteter Eindruck vor die Seele stellte, und er die einzelnen Situationen, Charaktere und Ausgang des Ganzen in erhöhter Stimmung übersah, als ein reines Geschenk von oben, worauf er keinen unmittelbaren Einfluß gehabt hatte, obgleich die Möglichkeit, ein solches Aperçu zu haben, immer einen Geist wie den seinigen voraussetzte u.s.w. Gespr. 6. S. 283.

[174]

D.W. T. 2. B. 6. W. 27. S. 14.

[175]

A.a.O. T. 2. B. 9. W. 27. S. 258.

[176]

D.j.G. 3. 236.

[177]

Werke, Leipzig bei G. Fleischer 1819. IV. B. Beilage 3. S. 67 ff.

[178]

Vergl. in der zusammenfassenden und rückblickenden Stelle der ausgefüllten großen Lücke V. 612 f. u. 627.

[179]

Herder W. Bd. 6. S. 353 u. Schillers bekanntes Gedicht: Das verschleierte Bild zu Sais.

[180]

W. (Hempel) 3. 136.—Interessant zur Vergleichung mit der Erdgeistscene ist eine Stelle aus einem Gedicht Gisekes, das die Spinozistische Gottheit schildert:

>>Die dem Bernis in seiner einsamen Grotte
Schrecklich erschien, als sie schnell ein blasses
    Feuer erfüllte
Und vor seinem bestürzten Auge die Welt zu
    vergehen schien.

———————

Gott, Du schenktest ihm Mut, die schreckliche
    Nacht zu ertragen!
Plötzlich gab ihm den Tag ein Donnerschlag
    wieder und mit ihm
Stieg aus den Trümmern der Erd' ein
    unermeßlicher Riese,
Eine Welt an Größe, hervor; an Gestalt ein
    Kolossus,
Schrecklich dem Aug und doch nach
    Ebenmaßen gebauet.
Sein gewaltiges Haupt war ein Gebirge, die
    Haare
Wälder, sein schreckendes Aug' ein entzündeter
    Feuerofen
Oder ein flammender Abgrund. In einen Körper
    verwandelt

Stand vor dem Dichter die Welt. In seinen
kleinsten Gefäßen
Flossen die Bäche gemächlich, und durch die
schwellenden Adern
Brauste das Weltmeer dahin. Sein Kleid war der
Schleier der Lüfte.
Also träumte Spinoza sich Gott.

(bei Herder in einer Rec. über G.—W. 4. S. 275 f.)

[181]

D.W. T. 2. B. 9. W. 27. S. 270.

[182]

Zum Sprachgebrauch von widerlich vergl. Herder erstes
kritisches Wäldchen: (W. Bd. 3. S. 181.) »Nun gibts eine
andere Widrigkeit, das Gefühl einer heterogenen
Nervenanschauung, durch das zu Heftige, zu Gewaltsame«.
(Vergl. auch S. 183, wo widrig und widerlich als
gleichbedeutend gebraucht werden.)

[183]

Zu der Wendung: »O Tod« vergl. D.j.G. 1. 185, damit man
nicht so törichte Schlüsse daraus ziehe, wie das Marbach in
seiner Erklärung des Faust S. 49 thut.

[184]

Vergl. auch gegen Scherers Einwand Weltrich im Magazin
für die Litt. des In- und Auslandes S. 219.

[185]

Vergl. V. 1577 f.

O war ich vor des hohen Geistes Kraft
Entzückt, entseelt dahin gesunken!

[186]

Zu bemerken ist auch die Änderung des trockenen Schwärmers in den trockenen Schleicher. (V. 169 = 521.) Der Grund liegt wohl darin, daß das Wort in dem hier gebrauchten Sinne dem Dichter selbst nicht mehr geläufig war. Aufschluß gibt Herders im Novemberheft 1776 des Merkur erschienener Aufsatz Philosophei und Schwärmerei. Danach ist der Schwärmer der geistig unselbständige Mensch, der sich für Dinge und Ideen, die grade Mode sind, in eine Art kalter Begeisterung versetzen läßt. »Ein Mensch, der von gesundem Verstande ohne gesunden Verstand, von richtigen Begriffen ohne richtigen Begriff, von ewiger Toleranz mit möglichster Intoleranz spricht, welchen gelinderen Namen kann er sich versprechen als— Schwärmer?« (W. Hempel Bd. 17 S. 302.—)——Vor einigen Jahren redete man von Winckelmanns, Hagedorns, Lipperts Ideen, von Sachen, die man nie gesehen, von Abstractionen des Gefühls, die man nie empfunden;—(S. 103.)—In ähnlicher Weise beginnt nun auch Wagner zu reden.—

[187]

Gespr. 2. 71. mit Luden am 19. August 1806.—Vergl. auch E. Schmidt Aufgaben und Wege der Faustphilologie. (Beil. zur allgem. Zeitg. 1891. 119. 2.)

[188]

Gespr. 7. 218.

[189]

2. N. 243. S. 157.

[190]

Vergl. Rößler, die Entstehung des F. Grenzboten 1883. IV. S. 439.

[191]

Br. 2. N. 167. vom 15. Sept. 1773.—S. 106.—N. 208 Mitte Febr. 1774.—S. 147.

[192]

Br. 2. N. 162. vom Juli 1773. S. 97.

[193]

Schönborn an Gerstenberg am 12. Oktober 1773 berichtet über die Vorlesung der zwei ersten Akte; vergl. G.J. 1, 290 ff.

[194]

Br. 2. N. 180. Herbst 1773. S. 120.

[195]

A.a.O. 2. 261. v. 20. Nov. 1774. S. 205.

[196]

Br. 2. N. 228 u. 231. S. 172 ff.—Wagner 3. S. 110.

[197]

Aus Goethes Frühzeit S. 75.

[198]

Gespräche 1. N. 15. S. 25 ff; über die Satyrosfrage bei anderer Gelegenheit mehr; vergl. Scherer, aus Goethes Frühzeit S. 43 ff; eine Deutung auf Bahrdt von Spengler in der Zeitschr. f. östr. Gymnas. XII. S. 393.—Biedermann in seinen Goetheforschungen S. 9 f. 456 N.F. S. 13 ff.

[199]

D.W. T. 4. B. 18. W. 29. S. 84.

[200]

W. Bd. 28. S. 370. Taedium vitae. Wertherianism. Düstre Lebenslast. Periodisch wiederkehrend.

[201]

Br. 2. N. 238. S. 182.

[202]

Br. 2. N. 243. S. 188.

[203]

Br. 2. N. 244. S. 189.

[204]

Br. 2. N. 247. S. 194

[205]

N. 250. S. 197.

[206]

N. 252. S. 198.

[207]

N. 256. S. 201.

[208]

Ist keine Kraft in meiner Seele Tiefen? W. 10. V 1885.

[209]

Br. 2. N. 258 an S. La Roche vom 21. Oktober 1774. S. 212

[210]

in eigentlicher: D.j.G. 3. 584.

[211]

a.a.O. 1. 186. — auch 2. 36. — vergl. W. Bd. 9. S. 482.

UNTERSUCHUNGEN ÜBER GOETHES FAUST IN SEINER ÄLTESTEN GESTALT.

II. DIE SATIRISCHEN SCENEN.

HABILITATIONSSCHRIFT DER
PHILOSOPHISCHEN FAKULTÄT DER GROSSH.
LUDEWIGS-UNIVERSITÄT GIESSEN ZUR
ERLANGUNG DER VENIA LEGENDI

VORGELEGT VON Dr. J. COLLIN.

GIESSEN, 1893.

II. DIE SATIRISCHEN SCENEN. [212]

Die akademisch-satirischen Scenen des ältesten Faust folgen unmittelbar auf einander und bilden, drei an der Zahl, eine deutlich von der ersten wie der dritten unterschiedene Hauptmasse.[213] Sie stehen keineswegs unter sich in unmittelbarem Zusammenhang, aber sie haben gemeinsam, daß sie deutsches Universitätsleben und -treiben des 18. Jahrhunderts in seinen verschiedenen Beziehungen darstellen. Die beiden ersten von ihnen stehen sich nach Form und Inhalt näher, die dritte, in ihrem größeren Teil in Prosa geschrieben, gehört in einen anderen Zusammenhang; sie ist die erste Station auf Fausts Weltreise. Alle drei aber geben uns ein Bild der Welt, in der sich Faust bis dahin bewegt oder mit der er sich berührt hatte. Sie bilden den Hintergrund, von dem sich Faust mit seinem hohen Streben scharf und deutlich abhebt, von dem er sich dann auch mehr und mehr entfernt. Auch in der Sage steht Faust auf diesem Boden; sein hauptsächlicher Verkehr ist dort mit Studenten. Ganz in dieser studentischen Sphäre hat z.B. der Maler Müller seinen Faust belassen.

1. Die Wagner-Scene.

(V. 169-248 = 522-605 mit Ausschluß der V. 598-601.)

Die Wagnerscene ist bereits im ältesten Faust unmittelbar an die erste Hauptmasse angeschlossen. Der Erdgeist ist verschwunden. Faust will sich seinen Empfindungen über die Erscheinung überlassen, da wird er durch Wagners

Klopfen unterbrochen. Er tritt herein in höchst burleskem Gegensatz zu der ungeheueren Erscheinung des Erdgeists. Damit ist von vornherein der Ton dieser ganzen zweiten Scenenreihe angegeben; wir befinden uns besonders bei den beiden ersten auf dem Boden der kecken Fastnachtspiele von 1773/74; der Kampf, den der junge Goethe im Jahre 1772 in den Frankfurter Gelehrten Anzeigen begonnen hatte, ward in ihnen weiter fortgesetzt. Hans Sachsischer Rythmus bot sich dafür willig dar, und es gilt besonders für jene beide Faustscenen, was der Dichter später in seiner Lebensgeschichte bemerkt, bedeutende Werke, die eine jahrelange, ja eine lebenslängliche Aufmerksamkeit und Arbeit erforderten, seien auf so verwegenem Grunde bei leichtsinnigen Anlässen mehr oder weniger aufgebaut worden[214].—Die Verbindung zwischen der ersten und zweiten Scenenreihe ist nur wenig eng; sie beruht auf dem Motiv der Störung. Aus der Fülle der Empfindungen gerissen und an das Unbedeutende und Kleinliche seiner Umgebung erinnert zu werden, mochte dem jungen Dichter oft genug begegnet sein. So erzählt er in Dichtung und Wahrheit[215], wie er in den Tagen, da ihm seine erste Liebe entrissen worden war, in Wäldern sich ergangen und sich in ihm im Wechselgespräch mit der Natur das Gefühl des Erhabenen erzeugt habe. »Die kurzen Augenblicke solcher Genüsse verkürzte mir noch mein denkender Freund; aber ganz umsonst versuchte ich, wenn ich heraus an die Welt trat in der lichten und mageren Umgebung ein solches Gefühl bei mir wieder zu erregen, ja kaum die Erinnerung davon vermochte ich zu erhalten.« So unterbricht hier Wagner Faust in dem Wechselgespräch, das er mit dem Erdgeist in seinem Busen begonnen hatte. Dies Motiv findet sich, wie man richtig gesehen hat[216], noch öfter bei dem jungen Goethe; in dem Mahometfragment wird ähnlich Mahomet in seiner Erhebung zum Göttlichen durch seine

Pflegemutter gestört;[217] im Prometheus wird durch Merkur Prometheus aus der Gesellschaft seiner Geschöpfe gerissen[218]; in Werthers Leiden heißt es einmal: »Ein unerträglicher Mensch hat mich unterbrochen. Meine Thränen sind getrocknet. Ich bin zerstreut«[219].

Faust wendet sich unwillig ab, als Wagner eintritt; dieser bittet um Verzeihung und erklärt zugleich den Grund seines Kommens. Die Gefühlsausbrüche seines Herrn hat er für Deklamation gehalten![220] Um ja nichts zu versäumen, wo er etwas bei seinem Professor profitieren könnte, kommt er sogar in tiefer Nacht zu ihm. Handelt es sich doch auch um eine Kunst, die gerade jetzt, wie er behauptet, an der Tagesordnung und darum von besonderer Wirkung sei. Damit ist das Thema des ersten Teils dieser Scene angeschlagen. Es ist der Streit gegen die äußere Form und zwar insbesondere auf dem Gebiet der Rede. Wie soll man, so fragt sich Wagner, zumal wenn man der Welt fast ganz entfremdet ist, sie zu dem Guten überreden? Er glaubt, das durch die äußere Form des Vortrags erreichen zu können. Da bricht denn Faust gewaltig los. Auch die Form muß gefühlt sein; das Gefühl des Redners muß ihn mit seinem Zuhörer verbinden; er muß ein Gefühl dafür haben, was er ihm zu sagen hat. »Deswegen gibts doch eine Form«, schreibt Goethe im Anhang zu Wagners Mercier[221], »die sich von jener—es war dort die Rede von der äußeren theatralischen Form—unterscheidet, wie der innere Sinn vom äußern, die nicht mit Händen gegriffen, die gefühlt sein will. Unser Kopf muß übersehen, was ein anderer Kopf fassen kann, unser Herz muß empfinden, was ein anderes füllen mag.« Innere Form[222] nennt er sie im Gegensatz zu jener äußerlichen, nach der Wagner verlangt. Nicht nur der Gehalt, auch Form muß aus dem Innern geholt werden; um auf den Menschen zu wirken, muß gerade der Inhalt der Gefühle schon im Innern so geformt werden, daß er dem

Gefühl derer entspreche, auf die eingewirkt werden soll. *»Gehalt bringt die Form mit*«[223]. Weil aber bereits im Inneren mit den Gefühlen, um ihnen wirkende Kraft zu verleihen, eine Art künstlerischer Umformung vorgehen muß, darum erklärt er a.a.O. S. 687: »Jede Form, auch die gefühlteste, hat etwas Unwahres, allein sie ist ein für allemal das Glas, wodurch wir die heiligen Strahlen der verbreiteten Natur an das Herz des Menschen zum Feuerblick sammeln. Aber das Glas! *Wems nicht gegeben wird, wirds nicht erjagen*, es ist wie der geheimnisvolle Stein der Alchimisten Gefäß und Materie Feuer und Kühlbad.« Aus dem Herzen muß also mit dem Gehalt auch die Form kommen, um die Herzen der Hörer zu bezwingen. Was kann es dagegen bedeuten, mühsam erst die Teile zu einem Ganzen zusammenzuleimen, aus dem von anderen bereits Geschaffenen einzelnes zusammenzutragen, und es dann mit dem Feuer eines fast erloschenen Herzens kümmerlich zu beleben? Was kann das anderes eintragen, als Bewunderung von denen, die selbst nur äußerlich nachzuahmen verstehen und darum auch vom Äußerlichen noch ergriffen werden?

Wagner wagt noch eine Einwendung, mit der er das anfangs Geäußerte (V. 173 = 525.) in veränderter Form nochmals vorbringt:

> »Allein der Vortrag nützt dem Redner viel.«

Abermals erregt er seines Herrn heftigen Unwillen. Nicht nur jede andere Form als die der Inhalt selbst mit aus dem Innern bringt, ist zu verschmähen, auch jede äußere Kunst des Vortrags ist abzuweisen. Auch er muß von der im Inneren wohnenden Kraft unmittelbar hervorgebracht werden. Alle Künstelei dabei gehört ins Puppenspiel, auf die Bühne[224]. Was soll es heißen, gleich den Narren mit den Schellen zu läuten und so die Aufmerksamkeit auf sich zu ziehen[225]? Was brauchts der Kunst, um die Gefühle der Freundschaft und Liebe auszudrücken? Was ist es nötig auf die Wortjagd zu gehen, wenn man im Ernst etwas sagen will? Alle diese glänzenden Worte, mit denen jene die Abfälle des Menschenlebens künstlich aufstutzen, was erzeugen sie anders, als leeres Geräusch so unerquicklich, wie wenn im Herbst der Nebelwind durch die abgestorbenen, dürren Blätter säuselt?—Der Dichter bekämpft also in diesem ersten Teile der Scene (V. 169-204 = 522-557) das Äußerliche der Form und das Künstliche des Vortrags[226], mit denen zugleich Kümmerlichkeit des Inhalts Hand in Hand geht, und verweist dagegen auf das Gefühl. Das Gefühl! Unter diesem Zeichen kämpfte die neue Richtung gegen den Rationalismus der Zeit; es war die Quelle, aus der alles geschöpft werden sollte; also auch Inhalt und Form in Kunst und Dichtung, überhaupt in allem, was der Mensch hervorbringen wollte[227]. Nur das sollte ausgesprochen, dargestellt, gebildet werden, was im Inneren lebendig empfunden war; der Inhalt, der sich sonst so von selbst verstand, ward die Hauptsache[228]. Dabei durfte er am wenigsten durch die künstlichen Schranken einer äußerlichen Form behindert werden, auf deren Ausbildung die vorhergehende Epoche ausschließlich Wert gelegt hatte. Die Kerkerwände der drei Einheiten im Drama wurden gesprengt[229]. »Besser ein verworrenes Stück machen als ein kaltes[230].« Alle Regeln wurden abgethan, die man mit Mühe aufgestellt hatte, da sie das wahre Gefühl von Natur und den wahren Ausdruck desselben zerstörten[231]. Auch der Ausdruck, die Form muß gefühlt sein. »Die characteristische Kunst«, schreibt der junge Goethe[232], »ist nun die einzig wahre. Wenn sie aus inniger, einiger, eigener, selbstständiger Empfindung um sich wirkt, unbekümmert, ja unwissend alles Fremden, da mag sie aus rauher Wildheit oder aus gebildeter Empfindsamkeit geboren werden, sie ist

116

ganz und lebendig.« Bei solchen Anschauungen galt Unform und Formlosigkeit mehr als Form, wenn nur der Gehalt aus der Tiefe des Busens kam. »Mir ist alles lieb und wert, was treu und stark aus dem Herzen kommt, mags übrigens aussehen, wie ein Igel oder wie ein Amor,« schrieb Goethe am 17. August an die Karschin[233]. »Der Freiheits- und Naturgeist der Zeit,« bemerkt er später, »der jedem sehr schmeichlerisch in die Ohren raunte, man habe ohne viele äußere Hilfsmittel Stoff und Gehalt genug in sich selbst, alles komme nur darauf an, daß man ihn gehörig entfalte«, weht uns aus solchen Anschauungen entgegen. Darum kennzeichnet er in dem späteren Schema[234] die Scene folgendermaßen: *Streit zwischen Form und Formlosem. Vorzug dem formlosen Gehalt vor der leeren Form. Gehalt bringt die Form mit. (Die innere Form.) Die Widersprüche, statt sie zu vereinigen, disparater zu machen.*«—Mit ihrer Vereinigung begann für den Dichter selbst eine neue Epoche; er suchte nun bloß den Gehalt in seinem Busen allein, die Form in seinem Geist.[235]

In unserer Fauststelle ist der Kampf gegen leere, äußere Form besonders auf das Gebiet der Rede hinübergespielt. Vor allem ist wohl an die Predigt und den akademischen Vortrag gedacht. Deklamation nannte man damals die Kunst des Vortrags und die Kunst schöne Worte zu machen. Seit Sturms Tagen war dieser leere Formalismus, die Kunst, die Rede mit glänzenden Federn zu schmücken, herrschend geworden. Der Einfluß französischer Rhetorik verlieh ihr im 18. Jahrhundert einen neuen glänzenden Anstrich. Dagegen erhob sich denn auch die neue Gefühlsrichtung, voran ihr Meister, Herder[236]. Die Frankfurter Gelehrten Anzeigen, die vorübergehend 1772 ihr Organ geworden waren, kämpften, wie gegen allen Formalismus und Rationalismus, auch gegen diese Äußerlichkeit.

So schreibt Herder[237] daselbst in seiner Beurteilung von

Schlözers Vorstellung seiner Universalhistorie[238]: »Vorstellung, und gewiß viel Theatralisches und Mimisches geht das ganze Büchlein durch. Die ersten Kapitel: »Begriff der allgemeinen Weltgeschichte! Zusammenhang der Begebenheiten! Synchronistische Anordnung,« und im ganzen Verfolg alle Stellen, die es nur einigermaßen werden konnten, sind bloße Deklamation geworden, und in so lautem, gestikulierendem Ton, daß man sich wundern sollte, wie das »der Grundriß zu einem akademischen Kollegio, und Grundriß zur strengsten Wissenschaft, der Historie« sein solle.

»Wir bitten sie, daß sie ihn nirgends zu stark anfassen mögen; er ist ein schönes Krausgewinde aus so mancherlei neuern Schriften aufgewunden, und daher auch so perlend, aber auch so unsicher und schwach, als dergleichen Aufgewinde aus einer andern fremden Textur, wo es eigentlich seinen Sitz hatte, zu sein pflegt. —Ist die französische Deklamation nach diesem Schnitte eine nützliche Neuigkeit? Gewinnen oder verlieren unsere Lehrstühle, wenn sie statt Vorlesungen, Reden, und statt Lehrbücher zierliche Feuerwerke von Luftschwärmern bekommen?« u.s.w.[239] Herder scheint zu reden, wenn es S. 343. 19 ff. heißt: »allein, überall herrscht nichts als ein schwüler Deklamationshimmel, der das Leere der Thomasischen[240] Schöpfung bedenkt. Statt einzelner psychologischer Schritte, und langsamer Schläge des psychologischen Ahndungsstabes, das krauseste Labyrinth eines französischen Ballets.« Wie der Meister, so auch der Schüler. In der unbezweifelt Goethischen Beurteilung von Sulzers schönen Künsten lesen wir: »Wir erstaunen, wie Herr S., wenn er auch nicht drüber nachgedacht hätte, in der Ausführung die große Unbequemlichkeit nicht fühlen mußte, daß, so lange man in generalioribus sich aufhält, man nichts sagt, und höchstens durch Deklamation den

Mangel des Stoffes vor Unerfahrenen verbergen kann«[241]. Vielleicht, spricht auch S. 552 Goethe: »Das ganze Werk schwimmt in Deklamation.« Mit deutlicher Beziehung auf die Predigtart erklärt dann wieder Herder in den Provinzialblättern von 1774: »Akteurs sollen Prediger und können *nie* sein.«[242]

Herderscher Geist ist es also, der sich hier im Kampf gegen alles leere Wortgepränge und jede künstliche Vortragsweise mit dem gleichgestimmten des jungen Goethe verbindet.[243] Selbst die Bezeichnung der urteillos bewundernden Menge ist in Herders Ton. Kinder und Affen nennt sie Faust, so wie sie im Jahrmarktsfest der Zigeunerhauptmann, unter dessen Maske bekanntlich Herder verborgen ist, Kinder und Fratzen, Affen und Katzen, schilt[244].

In dem zweiten Teile der Scene schlägt Wagner ein neues Thema an. Auch hier zeigt sich sein Gegensatz zu Faust aufs schärfste. Er beginnt von seinem Streben zu reden, das aber nur wissenschaftlich ist. Auch er fängt gleich Faust im ersten Monolog mit einem Seufzer an. Hat Faust alle Wissensgebiete durchforscht und ist unbefriedigt, des Lebens überdrüssig zurückgekommen, so scheint Wagner das Leben zu kurz im Verhältnis zur Wissenschaft. Nach ihren Quellen sehnt er sich, wie Faust nach dem Quell des Lebens; bang fragt sich jener, wie er zu ihnen gelange. Wir sehen also, wie der Dichter die beiden Strebenden scharf und deutlich kontrastiert hat.

Gegen solche kümmerliche Anschauung erhebt sich Faust wieder: das Pergament sollte die heilige Quelle sein, daraus dauernde Befriedigung zu schöpfen wäre? Auch Erquickung ist nicht draußen zu suchen, nicht etwa in Büchern zu finden; wiederum verweist er ihn auf sein eigenes Gefühl; nur aus eigener Seele vermag sie zu quillen. In diesem Sinne schreibt der Dichter an Merck:

Nicht in Rom, in Magna Gräcia,
Dir im Herzen ist die Wonne da![245]

Allein Wagner kennt gar nicht diesen Drang nach Befriedigung und Erquickung. Ihm genügt es schon, worin sich der Dünkel des Gelehrten herrlich offenbart, sich, wie er es stolz nennt und es seit Montesquieu Mode geworden war, in den Geist der Zeiten zu versetzen, das Wissen vergangener Zeiten kennen zu lernen und dann im Hochgefühle des gewonnenen Fortschritts auf sie von der Höhe der eigenen erleuchteten Zeit herabzublicken[246]. Beides fordert Fausts Spott heraus. Indem er an seine dünkelhafte Überhebung anknüpft, weist er ihn auf das Unzugängliche seines Strebens hin. Die Zeiten der Vergangenheit sind uns ein verschlossenes Buch. Was da die Forscher den Geist der Zeiten heißen, ist im Grunde nur der Herren eigener Geist; jenachdem er ist, spiegelt sich die Geschichte ab. Was kommt aber dabei zum Vorschein? Man hat nur Sinn für den Kehricht und das Gerümpel einer Zeit, um darin zu wühlen und Nachlese zu halten; wenns hoch kommt, ergibt sich die Darstellung eines äußerlich glänzenden Ereignisses mit der Zugabe von trefflichen pragmatischen Maximen, wie sie ins Puppenspiel gehören.

Mit dieser spöttischen Polemik betreten wir wieder den Kampfplatz der neuen Richtung. Hier gilt die Fehde dem unhistorischen Verfahren der Wissenschaften, dem armseligen Kleingeist, der in der Vergangenheit nur einen großen Trümmerhaufen sieht, in dessen Wust er Scherben und Auskehricht sammelt; sie gilt dem Pragmatismus in der Geschichtschreibung, der Sucht, sofort aus allem allgemeingültige Maximen, die nun so ohne weiteres für uns brauchbar sein sollen, aufzuklauben;—und bei all der Kläglichkeit noch die lächerliche Überhebung des aufgeklärten Zeitalters! Herder, der Schüler Hamanns, ist auch hier der Führer im Streit. Mit den schärfsten Waffen hat er vor allem gegen unhistorische Auffassung der Vergangenheit auf allen Gebieten in Wissenschaft und Kunst angekämpft. Er hat das Beispiel gegeben, wie man sich in der That völlig in die Zeiten der Vergangenheit versetzen, den modernen Menschen abstreifen, liebevoll die Schwingungen des menschlichen Geistes auf jedem Boden, im Morgen- und Abendland, in jeder Zeit, im Altertum und Mittelalter, erkennen und sie aus sich begreifen müsse. Damit waren die verschütteten Quellen der Vergangenheit wieder eröffnet, neu und lebendig strömten sie wieder hervor, frische Kraft konnte wieder aus ihnen geschöpft werden, um das ganze geistige Leben zu erneuern. In den Fragmenten über die neuere deutsche Litteratur wird dieser Standpunkt zum ersten Mal auf diesem Gebiete in seinem vollen Umfang und seiner mächtigen Bedeutung für sie geltend gemacht. In den Frankfurter Gelehrten Anzeigen ist der Kampf mit einzelnen Vertretern der unhistorischen Auffassung auch auf anderen Gebieten im vollen Gange. Gegen das Mosaische Recht von Michaelis, wobei sich uns zugleich ein dem Wagnertypus in manchem ähnliches Gelehrtenbild zeigt, begründet er z.B. seinen Tadel so: »denn nichts ist eigentlich aus dem orientalischen Geist der Zeit, des Volkes, der Sitte erklärt, sondern nur überall Blumen eines halb orientalischen, gut europäischen common-sense herübergestreut, der weder den tiefen Forscher noch den wahren Zweifler und den Morgenländer, der Ader seines Stammes fühlet, am wenigsten befriedigen werden. Gewisse Dinge von diesen ließen sich auch selbst mit der zuversichtlichen Miene des Herrn M. gewiß nicht ganz geben; wer aber mit der Geschichte nur buhlet, nur die Gabe hat aufzustutzen und einzukleiden, wo man die Wahrheit eben nackt sehen will———Phyllida meam non habeto! Hier ist alles nur immer im Geiste unsres Jahrhunderts behandelt, dem guten Moses politische Maximen geliehen,

121

die selbst bei uns doch nur oft loci communes sind, und jenem Volk, jener Zeit, jenem Gesetzgeber wahrhaftig fremde waren.[247]

Im gleichen Sinne kämpft auch der junge Goethe, schon ganz im Sinne unserer Stelle schreibt er über eine Schrift von Sonnenfels: »Von Geheimnissen (denn welche große historische Data sind für uns nicht Geheimnisse?), an welche nur der tieffühlendste Geist mit Ahndungen zu reichen vermag, in den Tag hinein zu raisonnieren!-----Durchaus werden die Gesetze en gros behandelt; alle Nationen und Zeiten durch einander geworfen; unsrer Zeit solche Gesetze gewünscht und gehofft, die nur einem erst zusammengetretenen Volk gegeben werden konnten«[248]. Man vergleiche auch vorher die bekannte Äußerung über Römerpatriotismus![249] Vielleicht redet auch er am Schlusse einer in der Hauptsache Schlosserschen Rezension;[250] er (oder Herder?) in der Beurteilung von Bahrdts Eden, dem vorgeworfen wird, in Moses Bestandteile deutscher Universitätsbegriffe des 18. Jahrhunderts aufgedeckt zu haben[251].

Diesen Kampf haben beide auch später noch fortgesetzt. Herder hat immer und immer wieder diesen Grundgedanken verfochten, besonders in der Ältesten Urkunde, in Auch eine Philosophie der Geschichte u.s.w. Der junge Goethe in der Baukunst gegen den Abbé Laugier[252], ebenso in seinen Satiren, die noch von der im Jahre 1772 erweckten Fehdelust eingegeben sind. Wieland wird wegen seiner unhistorischen Auffassung griechischen Heldentums, Bahrdt wegen der der Evangelisten derb verspottet.[253]

Mit dieser verfehlten Anschauung verband sich nun meist der kümmerliche Sinn für allen Wust und Kram der Vergangenheit, von dem nicht genug auf einen Haufen zusammengetragen werden konnte. Die Ausdrücke, die Goethe dafür gebraucht, gehören wieder ganz der Coteriesprache der neuen Richtung an; »ein Haufen von Scherbengerät«—so bezeichnet Herder ein Werk, das statt auf den Boden und in den Geist des Orients zu versetzen, allen möglichen Kram vom Wege aufliest;[254] von demselben: ein Haufen Totenbeine ohne Geist und Leben! [255] Trödelkram nennt Herder alle wissenschaftliche Beschäftigung seiner Zeit kurzweg in seiner Beurteilung von Deninas Staatsveränderungen[256]. Archäologischer Trödelkram! urteilt der junge Goethe in seiner Rezension von Seybolds Schreiben über Homer.[257]

Nicht minder eifern beide gegen den Pragmatismus und die Lust, sogleich Maximen aufzustellen, die nicht besser sind als die Gemeinplätze im Puppenspiel.[258] Herder lobt Denina, »da er nicht so sehr malet und raffiniert, und Maximen von Staatsveränderungen sucht als die Franzosen, die jetzt fast aller Welt den Geschichtton angegeben haben: sondern auch dem Wurf der Begebenheiten, dem Schicksal, was die Welt leitet, viel, und vielleicht nur manchmal zu viel einräumet[259].«—Weiterhin ruft er aus: Wer da weiß, was es für eine Schaumblase sei, was man Maxime nennt? wie schwer und selten ein Mensch ihr immer und deutlich und als Hauptführerin folget; wie unmöglich, daß ihr Menschen Jahrhunderte folgen?——[260] Von Maximen aber, die in der That für den Menschen etwas bedeuten, spricht offenbar der junge Goethe das schöne Wort: »Doch diese Maximen verwebt die Natur selbst in große Seelen; bei ihnen hören sie auf Maximen zu sein und werden bloß Gefühl[261].

Bei all dieser Kümmerlichkeit und Kleinlichkeit auch noch der dünkelhafte Stolz auf das erleuchtete Zeitalter! So nannte es sich selbst, so spottete die gegnerische Richtung; z.B. Herder in der zuletzt angeführten Rezension;[262]

Goethe über einen ungeschickten Angriff auf die erleuchteten Zeiten;[263] »aberweises Jahrhundert von Litteratoren« nennt er es in der Satire auf Wieland[264]. Am schärfsten ist wieder Herder in den Schriften jener Zeit, so in der Ältesten Urkunde: Celten und Scythen, Äthiopier und Indier, Araber und Perser, Chaldäer und Griechen—hier läßt sich ein Berg Pflaumfedergelehrsamkeit zusammenblasen: »wie unwissend alle über den philosophischen Ursprung der Dinge! Zerduscht und Hermes, Orpheus und Pythagoras, Plato und summus Aristoteles, Zeno und Thales—wie elend sie erbauet«—aber Wir! Wir![265]

Besonders ist es die kleine Schrift: »Auch eine Philosophie der Geschichte zur Bildung der Menschheit,« die das Thema, wie wirs denn so herrlich weit gebracht, in mannigfachster Weise anschlägt[266]. Eine Stelle sei hervorgehoben, weil sie auch sonst an Faust anklingt: Warum endlich trägt man den Roman einseitiger Hohnlüge denn in alle Jahrhunderte, verspottet und verunziert, damit die Sitten aller Völker und Zeitläufte, daß ein gesunder, bescheidener, uneingenommener Mensch ja fast in allen sogenannt pragmatischen Geschichten aller Welt nichts endlich mehr als den ekelhaften Wust des Preisideals seiner Zeit zu lesen bekommt? Der ganze Erdboden wird Misthaufe, auf dem wir Körner suchen und krähen! Philosophie des Jahrhunderts[267].

Goethischer Geist hat sich also in diesem zweiten Teile der Wagnerscene mit dem verwandten Herderischen zu einer scharfen Kritik des kleinlichen, dabei sich überhebenden Geistes der Wissenschaft am Ende des 18. Jahrhunderts verbunden. Angeregt in dieser Weise Stellung zu nehmen im Widerspruch mit einer Epoche, in der common-sense und verwässerte französische Aufklärung sich ungebührlich breit machten, ward der junge Goethe zuerst durch die

Bekanntschaft mit Herder in Straßburg, vor allem aber durch seine thätige Teilnahme an dem frischen, fröhlichen Feldzuge der Frankf. Gel. Anzeigen vom Jahre 1772. Auf diesem Boden erwuchsen die satirischen Ausfälle der Jahre 1773 und 1774, alle, wie er selbst zugesteht, aus der durch Herders scharfen Humor veranlaßten Unart entsprungen; [268] in ihre Reihe gehören auch die satirischen Scenen im Faust.

Wagner versucht nun, wie am Schluß des ersten Teils der Scene, noch einen Einwand zu machen. Wagt er es auch nicht etwas auf Fausts Skepticismus über menschliche Erkenntnisfähigkeit auf dem Gebiet der Geschichte zu erwidern, so lenkt er doch seinen Blick auf ein anderes, auf die Kenntnis der Welt und des inneren Menschen; »Kenntnis des menschlichen Herzens, wie man es damals nannte[269].« Auch danach verlangte ja das Jahrhundert. Statt des Wissens suchte man nach Erfahrung. Aus Dichtung und Wahrheit ist bekannt, wie der junge Goethe ebenfalls danach Verlangen trug und wie er von Behrisch beschieden ward[270]. Das eigentliche Studium des Menschen sei der Mensch selbst, hieß es; Pope schreibt seinen Versuch vom Menschen; andre folgten, wie Hartley, Hemsterhuis. Es schob sich damit ein Keil hinein in die trockene Schulweisheit der Zeit. Der trockene Schwärmer Wagner macht also auch diese Mode mit. Die am Anfang des neunten Buches von Dichtung und Wahrheit angeführte Stelle der Allgem. deutschen Bibliothek[271] zeigt uns diese Gegensätze. »Die Philosophie«, fügt Goethe dort hinzu, »mit ihren abstrusen Forderungen war beseitigt, die alten Sprachen, deren Erlangung mit so viel Mühseligkeit verknüpft ist, sah man in den Hintergrund gerückt, die Compendien, über deren Zulänglichkeit uns Hamlet schon ein bedenkliches Wort ins Ohr geraunt hatte, wurden immer verdächtiger, man wies uns auf die Betrachtung eines bewegten Lebens hin, das wir so gerne führten, und auf die Kenntnis der Leidenschaften, die wir in unserem Busen teils empfanden, teils ahneten, und die, wenn man sie sonst gescholten hatte, uns nunmehr als etwas Wichtiges und Würdiges vorkommen mußten, weil sie der Hauptgegenstand unserer Studien sein sollten, und die Kenntnis derselben als das vorzüglichste Bildungsmittel unserer Geisteskräfte angerühmt ward. Überdies war eine solche Denkweise meiner eigenen Überzeugung, ja meinem poetischen Thun und Treiben ganz angemessen«[272]. So scheint es auch Goethe zu sein, der ein Werk, das sich mit diesen Fragen beschäftigte, in den Frankf. Gel. Anzeigen beurteilte[273].

Allein Wagner wird auch von der Pforte dieser Erkenntnis zurückgewiesen; ist sie auch nicht unmöglich, so ist doch die wahre Erkenntnis auf wenige beschränkt; für sie bringt sie aber nur, falls sie ausgesprochen wird und nicht im Innern bewahrt bleibt, schwere Gefahr. Denn trotz aller gerühmten Toleranz, für die der junge Goethe selbst in seinem Schreiben des Pastors eingetreten war, wo er gefordert hatte, sie dürfe nicht aus Gleichgültigkeit entspringen, sondern müsse auch aus dem Herzen kommen, war es auch im 18. Jahrhundert noch gefährlich dem Pöbel sein Gefühl und Schauen zu offenbaren. Der Verfasser der oben erwähnten Schrift z. B. befürchtet üble Folgen für sein Buch aus dem Verfolgungsgeist dieser Zeiten. Der Rezensent fügt hinzu: »Wir können ihm dafür nicht bürgen, ob es gleich sehr unrecht wäre, eine Untersuchung, die den Menschen nur auf einer Seite betrachtet, zu verdammen, die Betrachtung der anderen Seite kann alles wieder gut machen. Doch wenn man verdammen will, wer denkt daran!«[274] In seinem Traktat über die Toleranz aber schreibt der junge Goethe: »Genung, die Wahrheit sei uns lieb, wo wir sie finden.———Und wem darum zu thun ist, die Wahrheit dieses Satzes noch bei seinem Leben zu erfahren, der wage, ein Nachfolger Christi öffentlich zu sein, der wage sichs merken zu lassen, daß ihm um seine Seligkeit zu thun ist! Er wird einen Unnamen am Halse haben, ehe er sichs versieht, und eine christliche Gemeine macht ein Kreuz vor ihm«[275].

Faust bricht die Unterredung, für die Wagner keine bessere Bezeichnung als gelehrt weiß, ab; Wagner entfernt sich. Der Gegensatz ihres Wesens tritt Faust noch einmal lebhaft vor die Seele. Er selbst greift nach dem Höchsten; da es ihm nicht wird, schwindet ihm alle Hoffnung—und Wagner verliert sie nie, der bei seinem Streben am Kleinlichsten haften bleibt und mit dem Niedrigsten sich begnügt. Der kranke Adler, dessen Schwingen gelähmt sind, und die selbstgenügsame Taube![276]

Mit wenigen, aber kräftigen Strichen hat der Dichter das Bild des kleinen Gelehrten hingeworfen, dem gegenüber das Fausts um so heller strahlt. Er scheint uns der Typus des kleinen Gelehrten überhaupt zu sein, obwohl er ganz mit den Farben des 18., keines Falls des 16. Jahrhunderts gemalt ist. Einzelne Züge boten sich Goethe allenthalben da, selbst bei den Angesehensten der Zeit. Er vereinigte sie zu einem Bilde. So entstand Wagner, der trockene Schwärmer, der sich ohne Begeisterung für alles, was in der Wissenschaft Mode geworden ist, begeistert[277], »ein Typus von der Fruchtteuerung und dem Kleingeist des Jahrhunderts[278]«, einer von denen, »quibus peiore ex luto finxit praecordia Titan[279],« einer jener unselbständigen, dabei eingebildeten Köpfe, die überall stoppelnd und Nachlese haltend, ihr Unwesen trieben, vom Schlage jenes Gießer Professors Chr. H. Schmid, den einst Herder in einer Rezension zusammengehauen[280], den Goethe bei seinem Besuche in Gießen so ergötzlich verspottet[281] und auch im

Jahrmarktsfest mitgenommen hatte[282]. Doch fehlen bei Goethe alle individuellen Beziehungen; er hat ein allgemeines Zeitbild geschaffen, während Maler Müller in dem Zerrbild des Magister Knellius mehr einzelne, allerdings niedrigste und gemeinste Züge verwendet und vielleicht in der That auch dabei an Schmid gedacht hat[283]. Goethes Freunde aber, die den Faust schon in Frankfurt kennen gelernt hatten, haben wohl, besonders da Goethe über die Freuden des jungen Werthers sehr ungehalten war, bei Wagner auch an Nicolai gedacht.

Entstehungszeit der Wagnerscene.

Die Frage nach der Entstehung dieser Scene ist im allgemeinen schon durch die vorhergegangene Erörterung beantwortet. Es kann danach kein Zweifel sein, daß die in dem Kampfesjahre von 1772 gewonnene lebendige Erfahrung die Farbe zu dem Bilde geliefert hat, was der Dichter, auch hier noch streitend, von der Gelehrsamkeit der Zeit entworfen hat[284]. Damit ist diese Scene in eine Reihe gestellt mit den ausgeführten Satiren, die meist in der Nachwirkung des Kampfes von 1772 noch aus jener Streitlaune heraus und unter dem Einfluß Herderischen Humors entstanden sind. Wir sind demnach von selbst auf die Jahre 1773 und 1774 hingewiesen. Es fragt sich also, ob in der Scene bestimmte Beziehungen enthalten seien, die den Ausschlag für das eine oder das andere Jahr geben könnten. Im großen und ganzen konnte der Ideenkreis, in dem die Scene sich bewegt, als schon in den Rezensionen der Frankf. Gel. Anzeigen vorhanden nachgewiesen werden. Im ersten Teile der Scene ergaben sich Beziehungen und Anklänge zu dem 1775 entstandenen Anhang zu Mercier[285]. Allein was Goethe damals niederschrieb, konnte er sich recht wohl schon viel früher in seinem Geiste als bestimmte Ansicht gebildet haben, um so mehr als offenbar Herders persönliche Anregung beim Straßburger Aufenthalte dazu bei mitgewirkt hatte. Im übrigen fanden sich Beziehungen mit Schriften Herders, die erst im Jahre 1774 erschienen, so den Provinzialblättern und Auch eine Philosophie der Geschichte zur Bildung der Menschheit; aber bei diesen Parallelen ist von vorn herein Vorsicht geboten[286]. Es ist ja derselbe Geist, der hier kämpft, in Herder wie in dem jungen Goethe. Dieser Geist äußert sich leicht in gleichen Wendungen und Bildern. Dazu kommt noch, daß sich die neue Richtung auch ihre Sprache geschaffen hatte; es hatte sich mit der Zeit ein fester Bestand von Worten und Wendungen gebildet, die sich mit geringen Veränderungen immer wieder benutzen ließen. So entstand leicht eine gewisse Gleichmäßigkeit im Ausdruck und im Gebrauch von Lieblingsworten und Bildern, die dazu nicht bloß von schriftlicher, sondern auch mündlicher Überlieferung herrühren konnten. Suphan[287] hatte auf die Ähnlichkeit des merkwürdigen Ausdrucks: Schnitzel kräuseln in V. 202 = 555 mit dem von Herder in den Provinzialblättern[288] gebrauchten: gekräuseltem Schnitzwerke hingewiesen. Ein ähnliches Bild findet sich jedoch schon früher bei Herder; es ist bereits auf die Stelle hingewiesen worden, wo er Schlözers Leitfaden ein schönes Krausgewinde aus mancherlei neuen Schriften aufgewunden nennt. Hier sind es also Fäden, die aus einem andren Gewebe aufgezogen und gekräuselt sind; auch jenes Bild vom krausen Labyrinth ist aus ähnlicher Vorstellung hervorgegangen. Ferner meint auch Herder mit seinem Schnitzwerk wohl etwas anderes als Goethe mit seinen Schnitzeln. Schnitzwerk ist Schnitzerei; gekräuseltes Schnitzwerk also eine krause Schnitzerei, die dem künstlerischen Geschmack als unnatürlich, künstlich, überladen, verworren und verwirrend erscheint. Herder denkt an die geschnitzte Handhabe eines Gefäßes, die beim

Gebrauch zerbricht, wie der Bogen in Lessings Fabel[289]. Über sie übersieht der des Einfachen und Natürlichen entwöhnte Blick die andere Handhabe, die »einfältig, stark, unzerbrechlich, wahre Handhabe« ist. Schnitzel dagegen sind Abfälle, das, was beim Schneiden oder Schnitzeln als unbrauchbar weggeworfen wird; sie sind wertlos wie die dürren Blätter des Baumes, unlebendig[290]. Solche Abfälle werden aber gerade von jenen Nachlesern zusammengesucht. Es ist dasselbe kümmerliche Interesse, wie es nachher am Historiker verspottet wird, überall den Schutt und das Gerümpel zu sammeln. Das Zeitwort schnitzeln gebraucht Herder sonst für eine kleinliche, geistlose und künstliche Beschäftigung. So schreibt er in den Fragmenten: Die lateinische Litteratur erstickte den Geist und schnitzelte den Geschmack an Spekulationen und Unsinn—[291]. Am Spane schnitzeln gebraucht er in der Bedeutung von kleinlichen Herumtadeln und -bessern in Zusammenhang mit am Farbenklümpchen klauben[292]. Das Substantivum Schnitzel gebraucht dagegen Goethe sonst oft; ebenso Merck. An ihn schreibt er über Lenz: »Er hat Sublimiora gefertigt; kleine Schnitzel, die Du auch haben sollst«[293]. (Man beachte den Gegensatz zwischen Sublimiora und Schnitzel!); ein andermal: »so schnitzelweis genießt kein Mensch was«[294]. Wieland an Merck am Allerheiligentag 1779:[295] Rezensionsschnitzel; dafür auch Schnitzen; einmal: Die neuerlich übersandten Schnitzen, wie du es nennst[296], (also als ein Merckischer Ausdruck!) Der Ausdruck »Kräuseln« findet sich beim jungen Goethe öfters, in gebundener Rede immer im Reim auf »säuseln«; so schon in der Laune des Verliebten: »indem er sich mit dir im Reihen kräuselt,«[297] also hier gleich sich kunstvoll drehen. Dann im Faust außer an unserer Stelle noch V. 558 = 2706. Den Sand—kräuseln = im Sand künstliche Figuren hervorbringen; am 26. Dezember 1774 schreibt er an

Schlosser: »Denn der Wirbel kräuselt mir schon bei frühem Morgen das Köpfchen;«[298] in Cäsars Charakteristik bei Lavater spricht er von dessen gekräuselter, unbestimmter und fatal zurückgehender Stirne[299]. Bekannt ist endlich die Stelle in Claudine von Villa Bella: »Das ist doch einmal ein gescheuter Einfall von ihnen; etwas unglaubliches, daß sie wieder zur Natur kehren; denn sonst pflegen sie immer das Gekämmte zu frisieren; das Frisierte zu kräuseln; und das Gekräuselte am Ende zu verwirren, und bilden sich Wunderstreiche darauf ein«[300]. Also auch hier: im Gegensatz zur Natur etwas Künstliches noch mehr verkünsteln. Das Eigenschaftswort kraus gebraucht der junge Goethe ebenfalls häufiger; so in seiner Rezension über Sandrart, wo er vom üppigen Auswuchs krauser Diction spricht;[301] im Faust V. 329 (in der alten Fassung der Schülerscene): Aber sieht drin so bunt und kraus———das Compositum krausborstig in der Baukunst: und so graute mirs—vom Anblick eines mißgeformten kr. Ungeheuers;[302] vorher ist die Rede von dem gedrechselten Puppen- und Bilderwerk, von abenteuerlichen Schnörkeln und erdrückenden Zierart, was er dann alles in jenen Worten zusammenfaßt. Kräuseln bedeutet also etwas schnörkelhaft, künstlich aufputzen und verzieren; es ist dem Klaren, Einfachen entgegengesetzt, wie etwa die Kunst der Gothik oder des Rokkoko der stillen Einfalt des Altertums. »Und es ist doch nichts wahr als was einfältig ist;« schreibt Goethe schon am 13. Februar 1769 an Fr. Oeser[303]. Bei der Wendung Schnitzel kräuseln haben wir also die Vorstellung, die den ganzen ersten Teil der Scene durchzieht, daß etwas Inhaltleeres äußerlich künstlich aufgeputzt werde, um damit die Augen der Menschen zu bestechen[304]. Das Goethische Bild ist also denn doch von dem Herders verschieden; die Ähnlichkeit kommt nur daher, daß es aus dem gleichen Gedankenkreise hervorgegangen ist, der sich bei seinem geistigen Zusammengehören auch ähnlicher Wendungen und Bilder bediente. So findet sich z.B. in dem Entwurfe zu den Provinzialblättern, den Goethe gewiß nicht gelesen hat, eine Stelle, die an V. 175 ff. = 528 ff. deutlich anklingt: »Akteurs sollen Prediger und können nie sein; oder sie sind das schlechteste, lächerlichste Ding unter der Sonne, und unter keiner Sonne, wenn in die Kirche und auf das Theater keine Sonne scheint. Theaterillusion ist so etwas ganz anderes—doch was gehört das hierher, für den der die Sache etwas näher erwogen?«[305] Solche grundsätzliche Anschauungen hatte aber Goethe von Herder oft genug ausgesprochen und auch durch die That bestätigt gehört[306].

Auch Beziehungen zu der kleinen, mit den Provinzialblättern gleichzeitig erschienenen, Schrift: Auch eine Philosophie u.s.w. sind nicht so überzeugend, daß sie viel beweisen könnten. Der Geist, der in ihr weht, ist auch schon in früheren Schriften Herders zu erkennen und war auch wohl im mündlichen Austausch der Gedanken zum Ausdruck gekommen. Suphan[307] hat aus der erwähnten Schrift zu V. 222 f. = 575 f. die Stelle angezogen: »Philosoph, wilt Du den Stand deines Jahrhunderts ehren und nützen: das Buch der Vorgeschichte liegt vor Dir! Mit sieben Siegeln verschlossen, ein Buch voll Weissagung«. Aber ähnliches hatte Goethe selbst schon von der Geschichte der Vergangenheit gesagt;[308] und vor beiden ihr gemeinsamer Prophet Hamann in den Sokratischen Denkwürdigkeiten: »Doch vielleicht ist die ganze Historie mehr Mythologie als es dieser Philosoph meint, und gleich der Natur ein versiegelt Buch, ein verdecktes Zeugnis. ein Rätsel, das sich nicht auflösen läßt, ohne mit einem anderem Kalbe als unserer Vernunft zu pflügen[309].« Aus allen spricht der gleiche Geist der neuen Gefühlsrichtung, der sich gegen die herrschende rationalistische erhebt. Ebenso wenig darf auch aus der von uns angezogenen Stelle[310] ein Schluß auf die Abfassungszeit der Scene gezogen werden. Es sind Äußerungen gleichgestimmter Geister, die gegen dieselben Verkehrtheiten der Zeit ankämpfen[311].

Ein sicherer Anhalt zur genaueren Zeitbestimmung läßt sich also aus derlei Anklängen nicht gewinnen. Die Frage steht demnach noch offen, ob die Scene 1773 oder 1774 gedichtet sei. Sie erscheint nun in einem gewissen Zusammenhange mit der ersten Hauptmasse; sie ist mit ihr durch ein Übergangsmotiv verbunden, das der junge Goethe auch sonst benutzt hat. Darf man also vielleicht daraus schließen, daß sie nach und im Zusammenhang mit der ersten

Hauptmasse entstanden sei? Ist dies nicht das Natürlichste? Nötig ist jedoch diese Annahme von vornherein nicht. Denn da der Stoff der Dichtung seit Jahren in dem Dichter schon lebendig war und sich mehr und mehr ausbildete, konnte ja nach einem äußerm Anstoß und je nach der Stimmung des Dichters sich bald diese, bald jene Scene aus dem in seinem Geiste bestehenden Zusammenhange loslösen und ausgestalten; ja es konnte sich sogar, wie es bei Werthers Leiden eintrat, ein besonderes kleines Werk abzweigen, an das er zunächst noch gar nicht gedacht hatte, worauf er mit um so größerer Klarheit und Bestimmtheit zu seinem Hauptwerk zurückkehrte. Wie er es später that, konnte er auch damals die Absicht sachte neben sich hergehen lassen und die gerade interessantesten Stellen ausarbeiten[312]. Daher kommt auch, wie bei dem Volksliede das Sprunghafte in der Komposition. Dem Dichter war sein Stoff so lebendig, daß er manche Mittelglieder in der Ausführung von selbst überging. Deshalb konnte er recht wohl auch die Wagnerscene ausführen, von Anfang an in der Absicht, die erste Hauptmasse damit abzubrechen und sie unmittelbar daran anzuschließen. So hat er ja auch die Schülerscene außer allem Zusammenhang gedichtet. Der erste Monolog und die Erdgeistscene schwebten ihm dann dabei bereits im allgemeinen vor der Seele. In der unbezweifelt Goethischen Beurteilung von Lavaters Aussichten in die Ewigkeit finden wir schon eine Stelle, die sich in manchem mit dem Grundgedanken des ersten Monologs vergleichen läßt: »Wie deutlich sieht man nicht ———eine Seele, die von Spekulation über Keim und Organisation ermüdet, sich mit der Hoffnung letzt, die Abgründe des Keims dereinst zu durchschauen, die Geheimnisse der Organisation zu erkennen, und vielleicht einmal da als Meister, Hand mit anzulegen, wovon ihr jetzt die ersten Erkenntnislinien nur schwebend vordämmern; eine Seele, die in dem großen Traum von Weltall,

Sonnendonnern und Planetenrollen, sich über das Irdische hinauf entzückt, Erden mit dem Fuß auf die Seite stößt, tausend Welten mit einem Finger leitet und dann wieder in den Leib versetzt, für die mikromegischen Gesichte, Analogie in unseren Kräften, Beweisstellen in der Bibel aufklaubt«[313]. Man sieht, wie das in dem Dichter bereits vorhandene Bild von Faust zur Charakteristik Lavaters mit beigetragen hat.

Kann er nicht also von Anfang an beabsichtigt haben, mit der Wagnerscene ein Gegenstück zu der Erdgeistscene zu schaffen, um den niedergedrückten Faust vor unseren Augen wieder zu erheben? Kann er nicht etwa dann sie schon in jener satirisch gestimmten Zeit des Jahres 1773 nicht lange nach den kecken Vorstößen der Fr. Gel. Anzeigen, mit denen sie in so engem Zusammenhang steht, ausgeführt haben? Man sieht also aus diesen Erwägungen, daß eine ganz bestimmte Entstehungszeit, wie es bei der ersten Hauptmasse möglich war,[314] aus der Scene selbst nicht zu ermitteln ist. Sie kann vor wie nach jener gedichtet sein; sie kann eben so wohl im Jahre 1773 wie 1774 gedichtet sein.

Auch die Sprache bietet nicht viel Besonderes: V. 201 = 554. »Und all die Reden,« wofür die späteren Fassungen: »Ja, eure Reden« bieten. Zu der wenig glücklichen Ausdrucksweise und Versform in V. 179. 180 = 532. 533 vergleiche man aus der ersten Hauptmasse V. 144 = 496.

2. Die Schülerscene.

(V. 249-444 = 1868-2050.)

Die Schülerscene ist zunächst darum von Bedeutung, weil hier Mephistopheles zum ersten Mal auftritt. Mit der

Wagnerscene, die ihr im ältesten Faust unmittelbar vorhergeht, steht sie in keiner Verbindung; sie ist vielmehr der beste Beweis, wie der Dichter auch außerhalb des Zusammenhangs das ausführte, wozu ihm das Leben den nötigen Stoff und die Anregung gegeben hatte. Die große Lücke zwischen den beiden Scenen blieb lange unausgefüllt. Das Fragment von 1790 gab nur das Endstück der Vertragsscene und den sich anschließenden kurzen Monolog des Teufels zu[315]. Die wesentliche Arbeit bei der Vollendung des ersten Teils bestand eben in der Ausfüllung der Lücke, vor der einst der junge Goethe Halt gemacht hatte, weil es ihm damals wie auch noch später an erlebtem Stoffe und der Stimmung mangelte. Daß jedoch trotzdem zwischen der Wagner- und der Schülerscene ein innerer Zusammenhang besteht, der es begreiflich macht, weshalb der Dichter gerade diese Scene ausgeführt hat, ist bereits angedeutet worden und wird aus dem folgendem noch klarer werden.

Mephistopheles erscheint hier in der Maske des Professors; er ist im Schlafrock und hat eine große Perrücke auf. Der Dichter denkt also dabei wieder an den Professor des 18., nicht des 16. Jahrhunderts. Ein Student tritt auf, nicht ein Schüler; diese mehr dem Mittelalter angemessene Bezeichnung weist erst das Fragment auf, wie es auch die Maske des Teufels jener Zeit entsprechend geändert hat. Überhaupt hat von allen Scenen diese die durchgreifendsten Änderungen erfahren und ist darum im ältesten Faust die am meisten von der späteren Fassung verschiedene Scene. Sie besteht hier aus zwei deutlich geschiedenen Teilen; zuerst werden nach der Einleitung, die auch später nur unwesentlich abgeändert worden ist, äußerliche studentische Angelegenheiten, wie Wohnung und Tisch, verhandelt, dann erst geht Mephistopheles auf das Studium selbst ein. Die Überschau über die vier Fakultäten fehlt;

denn der Student hat sich von vornherein für die Medizin entschieden. Mephistopheles weist ihn aber ebenfalls auf Logik und Metaphysik hin und äußert sich danach, den Professorton aufgebend, in der bekannten Weise über die Medizin. Den ersten dieser beiden Teile hat Goethe begreiflicher Weise später gestrichen, dagegen den zweiten mit der angegebenen Erweiterung verwertet.

Die Einleitung[316] ist, wie gesagt, im großen Ganzen unverändert geblieben. Der Student tritt auf, um den berühmten Professor kennen zu lernen und seinen Rat zu erbitten. Es gefällt dem Neuangekommenen gar nicht und er möchte schon wieder fort. Sein Grund dafür ist, — dies ist die erste Abweichung von der späteren Fassung — daß es ihm in der heißhungrigen Luft des Ortes nicht behagt, der den Studenten als seine Beute betrachtet. Damit ist der Übergang zu dem der ältesten Fassung eigentümlichen ersten Teile gegeben. Der Professor aber, dem des Studenten Bedenklichkeit wenig gefallen will, entschuldigt in lässiger Weise das, woran jener Anstoß genommen, und dann beginnt er, nicht etwa vom Gang und von der Einrichtung des Studiums, sondern — vom Logis als einer Hauptsache zu sprechen. Allein dem Studenten liegen ganz andre Dinge am Herzen: er möchte gern alles Gute zusammen haben, das Böse sich vom Leibe halten, Freiheit und auch Zeitvertreib und endlich auch dabei studieren. Mit beweglichen Worten bittet er ihn schließlich, ihm bei der Sorge um das Heil seiner Seele zu helfen. Das ist nun nichts für den Teufel. In komischer Verlegenheit kratzt er sich und bringt ohne weiteres das Gespräch wieder auf das Logis. Er verweist ihm das Wirtshausleben, gibt ihm einige Winke für sein Verhalten gegen die Professoren und schließt mit der Empfehlung einer Wohnung. Dem Studenten ists bei dem Gerede immer unbehaglicher geworden; als nun der Professor aber auch von dem studentischen Tisch beginnen will, unterbricht er ihn und deutet auf das hin, was ihm die Hauptsache ist, des »Geists Erweiterung!« Mephistopheles weist ihn spottend ab; der Student kennt noch nicht den Geist der Akademien, wenn er erwartet, er könne auf ihnen seinen Geist erweitern. Ohne Umstände springt darum der Professor zu dem neu angeschlagenen wichtigen Thema über und läßt sich nun nicht mehr in der Schilderung des studentischen Tisches stören, wobei denn auch sonst noch mancher gute Rat abfällt. Danach kommt erst wieder der andre mit dem, was ihn bewegt, zum Wort. Es erfolgt statt einer Antwort die Frage nach der Fakultät. Von hier an geht endlich Mephistopheles auf das Studium selbst ein. (Zweiter Teil der Scene.)

Was will nun der Dichter mit der niedrig derben Komik des ersten Teils? Klar ist es, daß der Teufel in der Maske des Professors den Professor verspotten will; es ist auch verständlich, daß er aus diesem Grunde mehr sagen muß als der Professor selbst gesagt hätte. Seine Denkart sollte vollständig dargestellt werden und dazu hätte das nicht genügt, was er sich sonst selbst auszusprechen erlaubte. Daraus erklären sich die anscheinenden Übertreibungen in den Versen 285 ff. und 324; ebenso wenig darf es befremden, daß Mephistopheles manchmal aus seiner Rolle fällt, so z.B. wenn er V. 309. 310 allzu offenherzig über den Geist der Akademien spricht.

Nach alledem ist offenbar schon in dem ersten Teil der Scene eine Satire auf das Professorentum beabsichtigt. Auch hier spricht Mephistopheles im Professorton[317]. Wir müssen daraus unbedingt den Schluß ziehen, daß es in der That Professoren gegeben habe, die in solch gemein-frivoler Weise zu ihren Studenten sprachen und Logis und Mittagstisch für wichtiger hielten als das Studium. Daß eine Satire in diesem Sinne beabsichtigt ist, zeigt uns deutlich des Studenten Benehmen. Er will etwas ganz anderes hören als

Belehrungen über jene Dinge, auf die der Professor ein solches Gewicht legt. So geht er V. 268 überhaupt nicht auf die Frage nach dem Logis ein, sondern bringt vor, was ihm am Herzen liegt, seine sittliche und geistige Ausbildung. Allein mit Gewalt kommt der Professor, ohne auch nur im geringsten jenes bewegliche Bitten zu beachten, auf sein Thema zurück. Der Student unterdrückt auch sein Unbehagen über das, was er wider Willen anhören muß, nicht (vergl. V. 291 u. 303 f.). Als nun aber der Professor zu einem ähnlichen Thema, zur Bestellung des Mittagtisches übergehen will, wird er abermals von ihm an das Wichtigere, des Geists Erweiterung, gemahnt. Allein er läßt sich nicht beirren und führt auch dieses Hauptstück in derselben Weise zu Ende. Jedoch ist es hier *Mephistopheles*, der mit feinerem, überlegenem Spotte den immer dringender werdenden Neuling abwehrt. Zum dritten Male endlich erinnert ihn der Schüler darauf an das, was ihm Herzensbedürfnis ist, eine Anleitung zu erhalten auf den verworrenen Pfaden der Wissenschaft. Jetzt erst stellt der Professor, indem er sich bezeichnender Weise das Ansehen gibt als habe er sich über das Wesentliche nun ausgesprochen und halte die Unterhaltung für beendet[318], die Frage nach der Fakultät.

Eine satirische Absicht ist also jedenfalls vorhanden. Der Dichter trägt nicht etwa aus jugendlich naiver Freude an solchen Scherzen diese Derbheiten vor, sondern verbindet damit einen bestimmten Zweck. E. Schmidt nimmt daher einen verkehrten Standpunkt ein, wenn er sich abfällig über diesen Teil äußert, von unreifem Geplauder spricht und anzudeuten scheint, daß es für die Leipziger Zeit des Dichters gerade gut genug sei[319]. Allein wie er sich selbst dazu verhält, hat der junge Goethe im Bilde des Studenten, der, wie wir sehen werden, keineswegs der Leipziger Fuchs[320] ist, klar genug angedeutet. Des Dichters Spott muß sich gegen damals im Professorentum vorhandene Auswüchse richten, die ihm bekannt waren, und er wurde auch jedenfalls sofort von dem kleinen Kreise, für den seine Satiren vor allem gedichtet waren, verstanden und auf bestimmte Verhältnisse und Personen bezogen. Wir können heute nur noch vermuten, wen er etwa gemeint habe. Denn daß er hier eine Satire ohne bestimmte Spitze geschrieben habe, ist bei einem Dichter, der stets aus dem vollen Leben geschöpft und für das Leben gedichtet hat, nicht anzunehmen. Wenn auch die persönlichen Beziehungen in den satirischen Dichtungen des jungen Goethe noch so versteckt oder ins allgemeine gezogen sind, vorhanden sind sie. Es muß daher unsere Aufgabe sein, Umschau zu halten im akademischen Leben des 18. Jahrhunderts und zu prüfen, ob sich damals im Professorentum wirklich Auswüchse der Art bemerkbar machten, wie sie hier der Witz des Dichters vorauszusetzen scheint. Gab es in der That Professoren, die sich nicht scheuten, im Verkehr mit ihren Schülern den rohesten und seicht-frivolsten Studententon anzuschlagen, die es nicht verschmähten, sich mit den ungebildetesten unter ihnen auf eine gleichniedrige Stufe zu stellen und ihren kümmerlichsten Interessen durch die platteste Unterhaltung entgegenzukommen?

Nun wissen wir allerdings, daß etwa seit der zweiten Hälfte des vorigen Jahrhunderts auch im akademischen Leben die alle freien Regungen hemmende Strenge und Pedanterie eine Gegenbewegung hervorrief, die zum Teil um so zügelloser auftrat, je enger grade hier die Schranken gezogen waren. Also auch hier Sturm und Drang; auch hier und fast ausschließlich die Erscheinung, daß sich innerlich haltlose, äußerlich gewandte, mit einer gewissen Leichtigkeit der Auffassung und Darstellung begabte Menschen den neuen Bestrebungen zuwandten, die jedoch, nachdem sie kurze Zeit geglänzt hatten, im Dunkel verschwanden, oft mit

Schmach und Schande von ihrer Höhe gestürzt wurden und frühe ein verfehltes Leben beschlossen. Gerade das Gelehrtentum trug am meisten dazu bei, dem Namen des Genies einen schlimmen Klang zu verleihen. Denn es trug, wie Kawerau treffend bemerkt, das Fratzenhafte des Genietums an sich, aber ohne die idealen Züge jener bewegten Strebezeit[321].

Einer der Führer dieser Bewegung, der zugleich Schule zu machen verstand, war Klotz, jener Hallische Professor, dessen Namen durch Lessings und Herders Gegnerschaft bekannt geblieben ist. Mit einer gewissen formalen Gewandtheit ausgerüstet, hatte er zugleich eine gute Witterung für das Neue, das er sofort mitzumachen begann. Er verspottet nicht nur die herrschende Pedanterie in Wissenschaft und Leben, sondern redet auch zu einer Zeit, wo abermals das klassische Altertum eine Auferstehung feierte, ihm das Wort und vertritt dabei eine ästhetisierende Auffassung, die jedoch nie in die Tiefe zu dringen vermag. Er schreibt dazu—denn Satire ist diesen Neuerern allen mehr oder weniger eigen—eine Reihe akademischer Satiren, wie Mores Eruditorum, Genius Saeculi (1760), die im Tone der Dunkelmännerbriefe gehalten sind, einer Form, die sich von selbst darbot, da wieder um ähnliches gestritten ward wie zur Zeit des Humanismus. In den Ridicula litteraria (1762) verspottet er unter anderem ganz im Geschmack der neuen Richtung die Metaphysik[322]. Klotz hängt also mit ihr zusammen, weshalb es auch nicht wunderbar ist, daß Lessing und Herder zunächst mit Anerkennung von ihm sprachen. Aber lange konnten sie sich nicht täuschen; bald musste ihnen die Hohlheit und Oberflächlichkeit des angeblichen Mitstreiters klar werden. Klotz war auch einer jener trockenen Schwärmer, die sich ohne inneres Feuer künstlich für Ideen und Gegenstände begeisterten, die Mode geworden waren[323]. Dazu kam noch, daß er auch sittlich jedes festen Haltes entbehrte; er war der erste, der die sittliche Zerfallenheit in die eigentliche Gelehrsamkeit verpflanzte[324]. Darum war es auch eine Handlung der Notwehr, solche gefährliche Freunde öffentlich abzuschütteln, was denn auch Lessing Klotz gegenüber mit der ganzen Wucht seiner Persönlichkeit that. Denn es galt mehr als nur diesen Gegner niederzuschmettern. Klotz starb früh. Hausen errichtete ihm durch seine Biographie eine Schandsäule auf seinem Grabe. Goethe bezeigte sein Interesse, das er an Klotz nahm, dadurch, daß er Hausens Schrift in den Frankfurter Gelehrten Anzeigen besprach[325] und später im Anschluß daran ebenda Jacobis ängstliche Protestationen wegen seiner Beziehungen zu Klotz mit verdientem Hohne zurückwies[326]. Zur Zeit seiner Blüte hatte es Klotz trefflich verstanden, einen Kreis von Anhängern zu sammeln und geistesverwandte Naturen an sich zu ziehen, mit deren sittlicher Haltung es womöglich noch schlimmer bestellt war als mit der ihres Beschützers; zu ihnen gehören unter anderen Riedel und Bahrdt. Auch gegen Riedel, der fast Lessing selbst bestochen hätte, gedachte Herder aufzutreten; er schrieb über seine Theorie der schönen Künste sein viertes Wäldchen, das er jedoch nicht veröffentlichte[327]. Riedel ward 1768, als der Kurfürst Emmerich Joseph die Universität Erfurt neubegründete, dorthin berufen. Auch ihm fehlte nicht die satirische Ader; eine seiner Satiren: Launen an meinen Satyr ist in den F.G.A. besprochen, vielleicht von Goethe[328]. Riedel fand von allen diesen Genies das traurigste Ende; er starb, nachdem er sich seine Stellung in Wien verscherzt hatte, im Irrenhause[329].

Der berüchtigste dieser Schwarmgeister, der uns hier am meisten interessiert, da er sich auch mit Goethe verschiedentlich berührte, war K.Fr. Bahrdt. Auch er gehört zu den falschen Propheten, die über Nacht wie Pilze aufschießen, sobald sich eine neue Zeit angekündigt hat. Sie haben anscheinend das gleiche Streben, mitzuarbeiten an der Verwirklichung neuer und großer Ideen, die sie mit beredten Worten zu verkünden wissen; allein die Mittel, die sie anwenden, sind oft gewöhnlich, ja verwerflich und gemein. Der junge Goethe erkannte mit klarem Auge das Wesen dieser eigentümlichen Erscheinung; so kam ihm der Gedanke, sie im Bilde des Mahomet darzustellen[330]. Allein der Plan wurde, trotzdem die nähere Bekanntschaft mit Lavater und Basedow ihm neuen Stoff geliefert hatte, nicht weiter ausgeführt; wohl aber ein scherzhaftes Seitenstück dazu, der Satyros, in dem er einen der tüchtigeren dieser Propheten, obwohl er in sein Bild mit dem Rechte des Dichters noch anderer Züge aufgenommen hat, verspottet[331]. Satyros; denn satyrgleich folgten jene, viele das Evangelium der Natur mit Behagen mißbrauchend, die eigene rohe Natur unverhüllt zu zeigen, dem Dionysoszuge der neuen Kulturbewegung. Im Pater Brey hatte der Dichter schon vorher einen der weniger bedeutenden dieser Propheten abgethan.

Bahrdt war es nun, der den Genieton auch in die Theologie trug[332]. In Leipzig konnte Goethe schon von ihm hören; denn als er dort noch Student war, war Bahrdt bereits Dozent. Als jener Leipzig verließ, mußte es dieser verlassen, dort unhaltbar geworden durch Vorkommnisse, die das Unsittliche seines Wesens aller Augen bloßgelegt hatten. Bezeichnender Weise wurde danach sofort Klotzens Teilnahme für den früheren Gegner wach, als habe der plötzlich entdeckte sittliche Mangel ihm die Befähigung zur Aufnahme in den Klotzischen Kreis verschafft[333] Bahrdt reiste nach Halle und Klotz empfahl ihn für eine Professur an der Universität Erfurt, wohin er auch berufen ward. Über den Ton, der dort herrschte, gibt Bahrdt in seiner Lebensgeschichte zum Teil Aufschluß. Riedel gab ihn an;

Bahrdt ward bald sein gelehriger Schüler, obwohl er sich zwar anfangs unfähig fühlte, »diese Vollkommenheit der Genies-Sitten sogleich zu erreichen«[334].

Riedel glich dem wildesten Jenaischen Studenten; der roheste Burschenton war bei ihm üblich, in dem er die größten Albernheiten und Possen trieb. Bahrdt gelang es bald, ihm darin gleich zu kommen. Beide ließen sich in Gesellschaft mit Studenten ein, in der Lustigkeit und Spötterei der herrschende Ton waren[335]. Und nun das Tollste von allem! Obwohl unverheiratet, begann Bahrdt Kostgänger zu halten und selbst für den Tisch seiner Studenten zu sorgen. Der Professor als Koch! der sich, wie er selbst rühmt, besonders darauf verstand, den Speisen die letzte Würze zu geben[336].

Dieser Mann, der zugleich seit jenem Skandal von der Rechtgläubigkeit zur Aufklärung abgeschwenkt war, der seine Redegewandheit auf das schändlichste mißbrauchte, um seine Zuhörer über seine wahre Gesinnung zu täuschen, wurde 1771 an die Universität Gießen berufen und trat damit Goethes Gesichtskreis wieder näher. In Darmstadt wurde er mit Merck bekannt, und pflegte auch, wie er angibt, im Hause des Herrn von Hesse, des Schwagers von Herder zu verkehren. Auch die Landgräfin Karoline schenkte ihm Beachtung[337]. Als Merck 1772 Direktor der Frankfurter Gelehrten Anzeigen geworden war, lud er durch einen Brief vom 18. Januar auch Bahrdt zur Theilnahme ein;[338] es ist jedoch sehr wohl möglich, daß er sich schon vorher unaufgefordert an das neue Unternehmen herangedrängt hat. Die Rezension vom 17. Januar[339] erinnert allerdings, wie Scherer meint,[340] stark an die Art Bahrdts. Man bemerke nur die Polemik gegen den Teufelsglauben (S. 32. Z. 17 ff.), das rationalistische Geschwätz auf S. 31. Z. 26 ff. und die S. 33. Z. 28 f.

ausgesprochene Ansicht, die den Verfasser der Neuesten Offenbarungen im voraus verkündet. Bahrdt hat sich noch weiter an diesem Jahrgang beteiligt, obgleich er dem Herausgeber von Anfang an Ungelegenheiten bereitete[341]. Eine Rezension ist aber gegen Bahrdt gerichtet; es ist die auf S. 319 ff., in der seine 1772 erschienene Schrift Eden besprochen wird[342]. Goethe hat sie bekanntlich später als sein Eigentum erkannt und in die Ausgabe seiner Werke aufgenommen. Es scheint auch an seiner Urheberschaft nicht zu zweifeln zu sein[343]. Bemerkenswert ist, wie er auch hier schon das falsche Prophetentum scharf kennzeichnet und abweist: »Wenn diese Herren so viele oder so wenige Philosophie haben, sich das Menschenlehren zu erlauben, so sollte ihnen ihr Herz sagen, wie viel unzweideutiger Genius, unzweideutiger Wandel, und nicht gemeine Talente zum Beruf des neuen Propheten gehören[344].«

Im Jahre 1773 ist aber Bahrdt der Direktor der Zeitung und rühmt sich noch später, daß er Deinets Zeitungsbude fast ganz allein furniert habe[345]. In demselben Jahre machte er auch den Versuch Hofprediger in Darmstadt zu werden. Aus Mosers Gutachten über ihn sei hier einstweilen schon auf folgende charakteristische Stelle aufmerksam gemacht: »Seine Kanzelgaben sind ausnehmend und er besitzt eine hinreißende Beredsamkeit; man darf aber ohne alle Medisance sagen, daß ein vortrefflicher *Komödiant* an ihm verdorben sei,«———.[346]

Der Versuch mißlang; ebenso der unmittelbar darauf unternommene, Nachfolger des Seniors Plitt in Frankfurt zu werden, obwohl sich Deinet sehr für ihn bemühte[347]. 1773 erschien ferner seine Homiletik, aus der uns hier nur eine Stelle angeht, die geeignet ist, das beste Schlaglicht auf die Oberflächlichkeit und gemeine Gesinnungsart dieses

Menschen zu werfen; sie lautet: »Ich meinesteils halte so viel auf eine schöne Deklamation und Aktion, daß ich längst gewünscht habe, man möchte in jedem Lande ein paar gute Schauspieler halten, welche die Kandidaten darin übten[348].« Wem fallen hier nicht Wagners Worte ein:

> Ich hab es öfter rühmen hören,
> Ein Komödiant könnt einen Pfarrer lehren.

und Fausts treffende Entgegnung:

> Ja wenn der Pfarrer ein Komödiant ist.
> Wie das denn wohl zu Zeiten kommen mag.

Einen offenen Angriff auf Bahrdt machte der junge Dichter nach dem Erscheinen der Neuesten Offenbarungen Gottes in Briefen und Erzählungen (seit 1772) mit seinem kleinen Prolog, in dem er ihn, wie es schon in jener Rezension geschehen war, wegen der ungeschichtlichen, modernisierenden Auffassung (hier der Evangelien) spottend zurecht wies[349], Auch im Jahrmarktsfest zu Plundersweilen darf man wohl, wie Scherer vermutet hat, hinter dem Hanswurst (Lichtputzer) Bahrdt suchen[350]. Auf einen gewissen Zusammenhang zwischen ihm und Goethe deutet auch der Scherz, den man sich mit Lavater erlaubte, ihm statt Goethes Bild das von Bahrdt zu schicken[351]. Bekannt ist schließlich aus Dichtung und Wahrheit sein Besuch bei Goethe, bei dem er über den Prolog scherzte und ein freundliches Verhältnis wünschte[352] (1775).

Nachdem nun Bahrdts Persönlichkeit, seine Bedeutung in seiner Zeit geschildert, seine Berührung mit dem jungen Goethe erörtert sind, dürfen wir wohl fragen: Ist nicht vielleicht jenes satirische Zerrbild in der Schülerscene nach Bahrdt gezeichnet? Ist es nicht am ehesten von ihm anzunehmen, daß er, der Genosse Riedels, seinen Studenten gegenüber solchen Ton angeschlagen[353] und er, der Erfurter Küchenmeister, mit solcher Dringlichkeit über Logis und Mittagstisch gesprochen habe? Wie er im Prolog sein wissenschaftliches Treiben verspottete, so hätte der Dichter hier seine fragwürdige Persönlichkeit zum Gegenstand seiner Satire gemacht und damit auf eine der wundesten Stellen im akademischen Leben der Zeit den Finger gelegt. Wir dürfen darum schon hier im Zusammenhang darauf hinweisen, wie ganz und gar die satirischen Scenen des ältesten Faust aus der eignen Zeit des jungen Dichters geschöpft sind, wie uns durch sie eine Reihe von Erscheinungen aus dem Leben des 18. Jahrhunderts wieder lebendig werden und umgekehrt auch jene Zeit den besten Kommentar zu ihnen liefern kann. Wagner, der trockene Schwärmer, eine ganz neue Art der Schulgelehrsamkeit, und hier das liederliche Genie, als passende Maske des Teufels![354]

Und nun noch eins! Es betrifft die eigentümliche Maske, in der Mephistopheles auftritt, »im Schlafrock eine große Perrücke auf«. Denn auch sie scheint ein äußeres Kennzeichen Bahrdts gewesen zu sein. Im Prolog zwar sitzt er ganz angezogen am Pult und schreibt;[355] aber da ist er auch zum Ausgang bereit. Dagegen haben wir den Doktor Bahrdt in Schlafrock und Perrücke in zwei Briefen Deinets. Am 20. Juli 1773 bittet der letztere ihn um sein Portrait für Lavater, aber ohne Perrücke; am 27. September 1773 berichtet Deinet von dem Bilde, das damals in Arbeit war, und es stellt Bahrdt im Schlafrock dar, allerdings, wie gewünscht, ohne die Perrücke[356]. Mit diesem Bilde, das am 15. Oktober in Deinets Händen war, wurde bekanntlich Lavater mystifiziert, so wie ja auch in unserer Scene der Student vom Teufel in der Maske des Professors zum besten gehalten wird. Wenn daher Mephistopheles in Schlafrock und Perrücke auftrat, so mochte schon von vornherein Goethes Frankfurter und Darmstädter Kreis darauf gefaßt sein, auch in weiteren Eigenheiten jenes verspottet zu sehen und zu hören.

Diesem Zerrbilde des Professors gegenüber ist der Student aufs liebevollste gezeichnet; daß der Dichter hierbei viel von seinem eigenem Wesen und von seinen eigenen Erfahrungen verwerthet hat, ist nicht zu bezweifeln. In ähnlicher Weise kam auch Goethe nach Leipzig, wenn auch wohl nicht mit den hohen Absichten, wie sie der Student in unserer Scene ausspricht; umgekehrt war er auch nicht in einer so hilflosen Unklarheit über sein Studium, sondern trat mit einem ganz bestimmten Plane auf[357]. Schwere Enttäuschungen blieben allerdings auch ihm nicht erspart. Keinswegs erschien ihm jedoch der Professor in einer solchen Karrikatur. Vielmehr erschien ihm, sich zu einer akademischen Lehrstelle fähig zu machen, das Wünschenswerteste für sich[358]. Er schreibt an seinen Vater: »Noch eins! Sie können nicht glauben, was es eine schöne Sache um einen Professor ist. Ich bin ganz entzückt gewesen, da ich einige von diesen Leuten in ihrer Herrlichkeit sah. Nil istis splendidius, gravius ac honoratius. Oculorum animique aciem ita mihi perstrinxit, autoritas gloriaque eorum, ut nullos praeter honores Professurae alios sitiam[359].« Selbst Gottsched, den er in den Leipziger Briefen ob seiner Gestalt und seiner Familienverhältnisse verhöhnt,[360] dessen Verdienste er aber sonst anerkennt, bot ihm keine Veranlassung zu solchem Spott, wie er aus dem ersten Teile der Schülerscene spricht.

Was der Student begehrt, entspricht auch nicht etwa Wünschen und Hoffnungen, mit denen der junge Goethe nach Leipzig kam; er will nicht bloß studieren, es handelt sich für ihn besonders um das Heil seines inneren

Menschen, und zwar in ganz bestimmter Richtung: er möchte gern alles Gute zusammen haben, sich dagegen das Böse vom Leibe halten. Damit ist ein Grundzug im Wesen des jungen Goethe bezeichnet. Er hat ihn selbst früh erkannt und an seiner Umbildung gearbeitet. »Der Mensch«—schreibt er in der Rezension über Sulzers schöne Künste—»durch alle Zustände befestigt sich gegen die Natur, ihre tausendfache Übel zu vermeiden, und nur das Maß von Gutem zu genießen; bis es ihm endlich gelingt, die Circulation aller seiner wahr- und gemachten Bedürfnisse in einen Palast einzuschließen, so fern es möglich ist, alle zerstreute Schönheit und Glückseligkeit in seine gläserne Mauern zu bannen, wo er denn immer weicher und weicher wird, den Freuden des Körpers Freuden der Seele substituiert, und seine Kräfte von keiner Widerwärtigkeit zum Naturgebrauche aufgespannt, in Tugend, Wohlthätigkeit, Empfindsamkeit zerfließen[361].« Mit diesen Worten ist das Charakteristische der empfindsamen Epoche vortrefflich ausgedrückt. Denn sie war es, die da glaubte, der Mensch sei nur da, um das Gute zu genießen, das Böse sich dagegen vom Leibe zu halten, kurz sich schon auf Erden ein Elysium zu gründen[362]. Diese Anschauung wird von dem Dichter überwunden durch die andre, die sich in ihm in der düsteren Leidenszeit nach dem Wetzlarer Aufenthalt mehr und mehr befestigt hatte, der Mensch sei zu Genuß und Leiden, Freud und Leid geschaffen, habe der Erde Glück und Weh zu tragen[363]. »Genuß, dieses unerklärbare Herumdrehen, Schweben, Aufgelöstliegen in einer Empfindung, das ist, wie wir glauben, der Zweck oder vielmehr der Endpunkt alles dessen, was in dem Menschen ist[364].« Es ist offenbar Goethe, der so spricht; aber am Ende des Jahres 1772 erklärte er Genuß und Leiden für den Mittelpunkt des Lebens[365]. Die Lebensanschauung seiner empfindsamen Zeit, die er selbst schon hinter sich gelassen

149

hatte, hat also der Dichter dem Studenten gegeben. Außerdem begehrt er Freiheit und Zeitvertreib; auch ein Wunsch, den ein Wagner nicht gethan hätte. Er, der der Enge des Collegiums nun glücklich entronnen ist, hat nicht Lust, sich körperlich und geistig in neue Fesseln schlagen zu lassen. Sich die nötige Heiterkeit und Geistesfreiheit für die Studien durch freie Bewegung zu schaffen, dazu war auch einst der Student Goethe in Straßburg von seinem Lehrer ermahnt worden[366]. Unser Student will endlich auch tief studieren. Des Geists Erweiterung ist sein Schlagwort. Eine Fakultät genügt ihm darum nicht; das Höchste und Tiefste möchte er fassen, Himmel und Erde, die ganze Natur! Eine stattliche Reihe von Forderungen; man vernimmt den echten Sohn der fordernden Epoche[367]. Wer denkt nicht zugleich an Faust? Sind sie nicht beide geistesverwandt? Stehen sie nicht zu einander wie Jüngling und Mann?[368] Wer wird nicht durch die Forderungen des einen an die des anderen erinnert? Was hier der in Dumpfheit noch Befangene, naiv begehrlich, und doch bescheiden von dem teuflischen Professor verlangt, das klingt ganz ähnlich dem, was am Schluß der bereits im Fragment enthaltenen Vertragsscene, wenn auch im andren Tone und dem Denken und Fühlen des Mannes entsprechend umgebildet, vom Teufel Faust selbst fordert. Die beiden Scenen: Der Teufel und der fordernde Faust und der Teufel und der fordernde Schüler folgen als passende Gegenstücke im Fragment wie in der Ausgabe von 1808 unmittelbar auf einander. Offenbar hat also der Dichter von Anfang an das Bedürfnis gehabt, uns in dem Bilde des Studenten zugleich ein Bild von Fausts eigener Jugend zu geben und es dem des Mannes zur Seite zu stellen. Faust verlangt allerdings nicht nur alles Gute, sondern, wie er schon vom Hauche des Erdgeistes berührt, ausgerufen, der Menschheit Wohl und Weh auf seinen Busen zu häufen. Aber die Universalität des Wollens ist beiden noch gemeinsam. Was der Student mit der Naivität und Unbeholfenheit seiner Jugend »das Gute so allzusamm« nennt, das heißt ins Männliche Fausts übertragen:

Und was der ganzen Menschheit zugeteilt ist,
Will ich in meinem innren Selbst genießen,

Wünscht der Student seinen Geist zu erweitern, von Himmel und Erden und der ganzen Natur mit ihm, so viel er vermöchte, zu fassen, so will Faust mit seinem Geist das Höchst' und Tiefste greifen und sein eigen Selbst zu dem der Menschheit erweitern.[369]

Wir kehren zur Schülerscene zurück. Für sein Begehren hat der Student noch keine Befriedigung finden können. Er ist schnell enttäuscht worden. Die Bahn der Weisheit ist ihm eröffnet worden; aber wirres Gestrüpp blickt ihm entgegen, und seitwärts, wo ihm die Ferne ein schönes Thal mit frischen Quellen vorgespiegelt hatte, trockne Wüste. Der Jüngling verzweifelt aber noch nicht und wendet sich etwa vom Wissen überhaupt ab, sondern geht den berühmten Professor an, ihm guten Rat zu geben[370]. Sein Geschick führt ihn jetzt schon zum Teufel, ohne daß er ihn gerufen hätte.

Nachdem jener eine Zeit lang sein possenhaftes Spiel mit ihm getrieben, geht er endlich auf seine Fragen ein.

Ein zweiter Teil der Scene beginnt, der nicht mehr mit derber Komik, sondern mit feiner Ironie den Spott gegen die Wissenschaft und ihre Vertreter fortsetzt.

Der Student will Mediziner werden, ohne sich jedoch, wie wir schon gesehen haben, damit auf ein Fachstudium beschränken zu wollen. Wenn auch noch unklar, so schwebt ihm doch als höchstes Ziel seines Studiums die Natur vor; noch klingt es, wie Stammeln, da er seinen

Wunsch bekennt[371]. Der junge Goethe war einst ebenso zu einem Fachstudium bestimmt auf die Universität gekommen; auch sein Sinn war von vornherein mehr auf anderes gerichtet, allerdings noch nicht auf das Studium der Natur. Nachdem er sich ihr in den Tagen seiner Krankheit in Frankfurt auf mystisch-alchemistischem Wege zu nähern versucht hatte, trat er ihr erst in Straßburg auf dem der Wissenschaft nahe. Er wandte sich neben seinem Fachstudium der Medizin zu; »das Medizinische reizte mich, weil es mir die Natur nach allen Seiten, wo nicht aufschloß, doch gewahr werden ließ[372]. Darum ist auch wohl der Student im Faust sofort zur Medizin entschlossen. »Fortsetzung der übrigen Natur und medizinischen Studien. Unendliche Zerstreuungen. *Vorbild zum Schüler im Faust.*« So lautet ein bemerkenswertes, neu aufgefundenes Schema zu der obigen Stelle im 11. Buch von Dichtung und Wahrheit[373]. Mephistopheles lobt zwar den Studenten, aber da er ihn auf den alten, ausgetretenen Weg der Wissenschaft weisen will, um Gelegenheit zu haben, seinen Spott fortzusetzen, warnt er ihn vor der Gefahr der Zerstreuung, wie sie ja auch Goethe selbst bei ähnlichem Streben zur Genüge erprobt hatte. Darum zuerst Collegium Logicum!

Durch diese Eingangspforte hatte auch einst der junge Goethe in Leipzig das Feld der Wissenschaft betreten müssen[374].

Die Vorzüge der Logik werden nun mit feiner Ironie auseinandergesetzt.

An Geists Erweiterung ist bei ihr nicht zu denken; sie schnürt ihn gewaltsam ein, daß er bedächtig den vorgeschriebenen Weg schleiche; sie zerreißt, was in uns so fest verbunden ist, daß wir es als eins empfinden, in mehrere Teile. »Also wie der Mensch ißt und trinkt, und verdaut, ohne zu denken, daß er einen Magen hat, also sieht er, vernimmt er, handelt und verbindet seine Erfahrungen, ohne sich dessen eigentlich bewußt zu sein[375].« Dies natürliche Band hebt die Logik auf. »In der Logik«—so erklärt Goethe später, offenbar in Erinnerung an unsere Fauststelle—»kam es mir wunderlich vor, daß ich diejenigen Geistesoperationen, die ich von Jugend auf mit der größten Bequemlichkeit verrichtete, so auseinanderzerren, vereinzeln und gleichsam zerstören sollte, um den rechten Gebrauch derselben einzusehen[376].« Das Trennen und Zergliedern war und blieb Goethes Natur zuwider[377]. Obwohl es—so spottet Mephistopheles weiter—bei der Erzeugung der Gedanken offenbar auf ein Verbinden ankommt und es dabei ähnlich zugeht wie beim Weben, da unzählige Fäden, einmal durch einen Schlag in Bewegung gesetzt, sich zum Gewebe vereinigen, so kommt nun der Philosoph und beweist, was ihm hier das Hauptstück zu sein scheint, die Notwendigkeit des Vorganges und wie notwendig eins aus dem andern folgt. Was hilft uns aber diese Weisheit? Keiner denkt daran, wie wenig damit gewonnen ist. Keiner wird dadurch ein Weber, daß er die Fäden des Gewebes auftrennt und sie im einzelnen nachweist. Gerade die Hauptsache, die Kraft, die ein Ganzes in allen seinen Teilen hervorbringt, wird außer Acht gelassen. »Schädlicher als Beispiele sind dem Genius Principien. Vor ihm mögen einzelne Menschen einzelne Teile bearbeitet haben. Er ist der erste, aus dessen Seele die Teile, in ein ewiges Ganze zusammengewachsen, hervortreten.« So Goethe in der Baukunst;[378] bei der dritten Wallfahrt nach Erwins Grabe im Juli 1775 ruft er über dessen Meisterstück aus: »Du bist eins und lebendig, gezeugt und entfaltet, nicht zusammengetragen und geflickt[379].« Während daher das Genie schöpfergleich ein Ganzes, zu dem sich die Teile eben durch die zeugende Kraft von selbst zusammenfügen, hervorbringt, treibt die Philosophie gerade dem Lebendigen, das sie erkennen und darstellen möchte, den Geist aus; die Teile hält sie zwar in der Hand; aber das geistige Band, das sie zum Ganzen verflocht, ist zerrissen[380]. Ebenso macht es auch die Chemie; sie sucht die Teile der schaffenden Natur in die Hand zu bekommen, im Glauben, daraus könne sie ein Ganzes bilden. Mit unbewußtem Spotte nennt sie diesen rohen Versuch treffend *Encheiresis* naturae, als vermöchten ihre Handgriffe den schaffenden Geist der Natur zu ersetzen[381]. Im ähnlichen Sinne äußert sich auch Herder in den Fragmenten: »Allein zur Erweckung des Genies trägt dies Zergliedern nichts bei; bei aller Mühe bleibt die vivida vis animi so unangetastet als der rector Archaeus bei den Scheidekünstlern: Erde und Wasser bleibt ihnen; die Flamme verflog, und der Geist blieb unsichtbar; allen ihren chymischen Zusammensetzungen können sie nach dem, was sie bei der Scheidekunst gewahr wurden, zwar Farbe, Geruch und Geschmack, nie aber die Kraft der Natur geben[382].« Die gemeine Encheiresis der Natur, wodurch sie Leben schafft und fördert, wie sich Goethe einmal am Ende seines Lebens ausdrückt, wird durch solche Bemühungen nicht enthüllt[383]. Ein Unerforschliches, wie er es zu nennen pflegte, bleibt bestehen; ein Geheimnis, in das allerdings der Faust des jungen Goethe noch einzudringen begehrte[384].

Die Logik schlägt also den Geist in unnatürliche Fesseln; sie hemmt die freie Entwicklung der Gedanken; sie führt, statt den schöpferischen Genius zu wecken, zu einem unproduktiven Trennen und Sondern; sie tötet, statt daß sie belebe. Das Genie in seinem Schaffensdrang, das nach dem geistigen Band sucht, das die Welt im Innersten zusammenhält, kämpft gegen den starren Mechanismus in der Wissenschaft. Dem Studenten ist es selbstverständlich nicht klar, was der Professor eigentlich meint. Mephistopheles tröstet ihn, das Verständnis werde schon kommen, sobald er nur alles zu reduzieren und klassifizieren gelernt habe. »Was heißt das anders«—hören wir Goethe mit ähnlichem Spott auf jene Schulausdrücke in der Lavaterrezension reden—»als durch gelehrtes Nachdenken sich eine Fertigkeit erworben zu haben, auf wissenschaftliche Klassifikation eine Menschenseele zu reduzieren«. Und ähnlich in der Beurteilung von Sulzers schönen Künsten: »daß einer, der ziemlich schlecht raisonnierte, sich einfallen ließ, gewisse Beschäftigungen und Freuden der Menschen, die bei ungenialischen gezwungenen Nachahmern Arbeit und Mühseligkeit wurden, ließen sich unter die Rubrik Künste, schöne Künste klassifizieren, zum Behuf theoretischer Gaukelei, das ist denn der Bequemlichkeit wegen Leitfaden geblieben zur Philosophie darüber, da sie doch nicht verwandter sind als septem artes liberales der alten Pfaffenschulen[385].« »Meine Wissensbegierde wurde reg«—scherzt er in den biblischen Fragen—»und ich bat ihn mich in die Schule zu nehmen. Das that er gerne, denn er sticht gewaltig auf einen Professor, konsultierte hier und da seine Hefte, und das Dozieren stund ihm gar gravitätisch an. Nur bemerkt ich bald, daß die ganze Kunst auf eine kalte Reduktion hinauslief.«[386]———Der Spott richtet sich also gegen den philosophischen Hang, alles in bestimmte Klassen gebracht, auf einzelne Begriffe reduziert, in ein System zu zerren, wogegen wiederum sich die Gefühlsrichtung als gegen etwas, das alles wahre Leben ersticke, erhoben hatte[387].— Dem Studenten wirds bei dem betäubenden Klang der Schulausdrücke ganz schwindlich im Kopf[388]. Mephistopheles fährt weiter: Nach der Logik die Metaphysik! Sie sucht mit dem Verstand zu begreifen und faßlich zu machen, was zu seinem Gebiete gar nicht gehört; dann müssen eben Worte aushelfen. Wieder einer der vielen Angriffspunkte, die sich der neuen Bewegung darboten. Mit ihren schärfsten Waffen wenden sich Hamann und Herder gegen die Unfehlbarkeit der Metaphysik, die alles beweisen zu können meinte und doch so oft nur taube Worte gab. Mephistopheles schließt seine Belehrung mit einigen guten, natürlich wieder ironisch gemeinten Ratschlägen, die den äußeren Gang des Studiums betreffen. Der Student bittet ihn darauf, ihm auch für sein Fachstudium, die Medizin, einen Fingerzeig zu geben, Mephistopheles ist aber nun des Professortons satt;[389] er legt die Maske ab und ist wieder Teufel. Jetzt empfiehlt er dem Studenten nicht mehr wie vorher, wo es ja auch nur versteckter Hohn war, den engen Pfad der Schulwissenschaft zu wandeln. Was nützt das Studium? Der Mensch kann doch nicht mehr fassen als ihm gegeben ist. Darum weist er ihn auf das wirkliche Leben hin. Bei diesem guten Rate offenbart sich aber der Teufel, er sucht den Menschen bei seiner niedrigen und gemeinen Seite zu fassen und ihn anzureizen, den Vorteil des überlegenen Verstandes zum Schaden oder zur Beherrschung anderer auszubeuten. Der Teufel lockt zum Leben, aber um den Menschen zu verderben. In ähnlicher Weise hätte Mephistopheles auch zu Faust sprechen müssen, wenn der Dichter schon im ältesten Faust eine solche Scene ausgeführt hätte, um ihn von der Wissenschaft weg zu einem Leben, wie es in des Teufels Sinne ist, zu führen[390]. Dem Studenten gefällt das Bild praktischen Lebens, das der Teufel entworfen, schon besser als der philosophische Lehrgang, den ihm der Professor zuerst vorgezeichnet hat.

Mephistopheles schließt darauf mit den denkwürdigen Worten ab, die, vom Teufel ausgesprochen, zugleich im höchsten Sinne gelten:

Grau, teurer Freund, ist alle Theorie
Und grün des Lebens goldner Baum.

Klar und scharf ist damit wiederum der Gegensatz zwischen
der alten und neuen Richtung ausgesprochen: Fort mit dem
spekulativ-theoretischen Erkenntnisgang; nur aus dem
Leben selbst erblüht eine wahre, lebendige Weisheit. Vom
Baum der Erkenntnis weg zum Baum des Lebens! »Noch
immer steht der Baum der Erkenntnis mitten unter uns; je
weniger man davon isset, desto besser; und wehe denen, die
sonst keine Nahrung haben!« So in einer Rezension der
F.G.A., die vielleicht Goethe gehört;[391] jedenfalls ist die
Bemerkung ganz in seinem Geiste. »Der Mensch ist nicht
zum Methaphysicieren da—ruft Herder in der schon
mehrfach angezogenen Beurteilung eines Werkes von J.
Beattie aus—»und trennet er einmal Vernunft vom gesunden
Verstande, Spekulation von Gefühl und Erfahrung—der
Dädalus und Ikarus hat den festen Boden der Mutter Erde
verlassen; wohin kann er sich mit seinen wächsernen
pennis homini non datis hin verlieren? wohin kann er
sinken?—Spekulation als Hauptgeschäfte des Lebens—welch
elendes Geschäfte! *Sie gewöhnt endlich alles als Spekulation
anzusehen!* ein Opium, was alle Lebenskraft tötet und mit
süßen Träumen sättigt, u.s.w.—Spekulation löset das eiserne
Band der Natur, Trieb und Nerven in Zwirnsfäden« u.s.w.
[392] Goethe selbst scheint wieder zu reden in einer kurzen
Mitteilung über Lavaters Geheimes Tagebuch: »Das wahre
Leben verdrängt gewiß das Spekulieren, so wie Gefühl das
Raisonnement;«[393]—Mit voller Bestimmtheit ist Goethe in
folgenden Worten der Rezension über Sulzers schöne
Künste zu erkennen: »Er bedenke, daß er sich durch alle
Theorie den Weg zum wahren Genusse versperrt, denn ein
schädlicheres Nichts, als sie, ist nicht erfunden
worden[394].«

Überall also im Widerspruch zu dem starren Formalismus der Zeit der Hinweis auf Lebenskraft und Lebensgehalt; aus den Geisteskämpfen dieser Zeit sind auch vor allem die satirischen Scenen des ältesten Faust erwachsen. Dies ist der Boden, in dem sie wurzeln.

Für den Studenten freilich sind die widerspruchsvollen Lehren des Professors ebenso viele Rätsel, ihm ists als wie ein Traum. Zum Abschied überreicht er sein Stammbuch. Der Teufel schreibt sich mit den Worten ein, mit denen einst die Schlange im Paradies die ersten Menschen lockte[395]. Die symbolische Bedeutung der Scene ist dadurch zum Schlusse deutlich ausgedrückt und zugleich in die Form gebracht, die bereits die älteste Urkunde des Menschengeschlechts gebraucht hatte.[396] Mephistopheles weist wieder auf den Baum der Erkenntnis hin; er will den Schüler auf denselben Pfad verlocken, auf dem einst auch Faust wandelte, ehe er sich dem Teufel übergab. Aber der Erfahrene sieht voraus, welch schwere Pein auch jenem aus der erstrebten Gottähnlichkeit erwachsen würde. Dann wird es auch ihm nach dem Baume des Lebens verlangen; Er wird verstehen lernen, was ihm einst in des Teufels Worten noch unverständlich geblieben war. Die Geistesverwandtschaft zwischen Faust und dem Schüler ist schon betont[397]. Darum bildet auch der letztere von selbst einen Gegensatz zu Wagner, wodurch die beiden satirischen Scenen des ältesten Faust in noch höherem Grade einen gewissen Zusammenhang in ihrer Entstehung und Bedeutung erkennen lassen. Goethe stellt sie später selbst in dem Schema so gegenüber: *Helles kaltes wissenschaftliches Streben: Wagner. Dumpfes warmes wissenschaftliches Streben: Schüler*[398].

Was endlich die Anlage der ganzen Scene betrifft, so ist sie in einer ganz und gar volkstümlichen und in der Litteratur eingebürgerten Form gehalten. Solche Belehrungsdialoge entsprachen durchaus dem lehrhaften Charakter der Litteratur, besonders seitdem sie durch die Reformation zu einer wichtigen Waffe für Aufklärung, Anfeindung, Verspottung geworden waren. Auch die besondere Form, daß der Schüler vom Lehrer oder überhaupt der Jüngere vom Vorgeschritteneren belehrt wird, fehlt nicht; vor allem findet sie sich gerade in der poetischen Litteratur. Schröder hat in der Vierteljahrschrift auf das Spiel von Frau Jutten hingewiesen[399]. Daraus zu folgern, daß es Goethe gekannt habe, ist zu voreilig. Denn diese Form war ein überliefertes Element der Volksdichtung. Besonders eigentümlich ist jedoch die Ähnlichkeit mit J.V. Andreas gutem Leben eines rechtschaffenen Diener Gottes, das Herder in den Briefen das Studium der Theologie betreffend mitgeteilt hat[400]. Ein Kandidat der Theologie wird hier durch die praktische Lebensweisheit eines alten Pfarrers belehrt. Nachdem jener das Studium der Logik, Rhetorik, Physik, Ethik beendet und sich auch für sein Fachstudium vorbereitet hat, geht er auf die Suche nach dem Amt. Unterwegs trifft er einen alten Pfarrer an, den er ganz in der Art anmaßlicher Jugend anredet, wie später der Schüler im zweiten Teile des Faust.

> Der alte Herr sprach: mein Herr Studios,
> Mich dünkt, Eur' Kunst, die mach sich los.
> Die Logik wird sich in euch regen,
> Daß Ihr mit mir redt so verwegen.

Mit einem kräftigen Wort Luthers wird er weiterhin abgewiesen. Als ihn aber danach der Pfarrer über den Unterschied zwischen der wissenschaftlichen Theorie und der Amtspraxis belehren will, bricht seine anmaßliche Schulweisheit noch einmal durch[401]. Er spricht:

> Ihr gabt aufs Geistlich' Acht,
> Und der Philosophie nichts acht,

Daher möcht es wohl kommen sein,
Daß Euch die Welt nit wollt ein.

Der Pfarrer macht ihn aber mit fischartischem Humor
darauf aufmerksam, wie auch er durch die Schule der freien
Künste gegangen sei, bis endlich »die Praktik kommt zu
Haus, die all Theorik treibet aus.«

Der Kandidat, der das ganze Gespräch erzählt, bemerkt
dazu:

»Die Ding' mir spanische Dörfer waren,«—

Darauf beginnt die eigentliche Belehrung über die
Schwierigkeiten des Predigtamtes; alsdann wird auf dessen
Verlangen:

Doch bitt ich, wollt mich weiter lehren,
Wo ich mich nun hinaus soll kehren?

der hohe Wert des Predigerstandes gepriesen. Beschämt und
erfreut geht der Jüngling mit dem Pfarrer in sein Haus, mit
dem Wunsche, daß allen seinen Gesellen so die Schellen
abgetrennt würden. Es ist nicht unmöglich, daß bereits der
junge Goethe diese Pastoraltheologie, vielleicht durch
Herders Vermittlung, gekannt habe. Einzelne Anklänge an
die Schülerscene wird man heraus gehört haben; jedenfalls
beweist das im Hans Sachsischen Maß gehaltene Gedicht,
daß die ganze Anlage der Faustscene im Boden der
volkstümlichen Litteratur wurzelt. Dagegen ist es ihr
eigentümlich, daß sie zugleich eine Mystifikation der Art ist,
wie sie Goethe im Leben und in seiner Dichtung liebte;[402]
sie bringt ihm hier den Vorteil, den Professor in der Maske
des Professors ohne besondere Verletzung der
Wahrscheinlichkeit verspotten zu können.

Es ist uns nun noch übrig, die Einheit der ganzen Scene zu

betonen und gegen gewisse Angriffe in Schutz zu nehmen. —Daß die Scene aus zwei verschiedenen Teilen bestehe, wird niemand bezweifeln; dagegen darf man nicht mit Anwendung einer Methode, die auch mehr ihre Freude daran hat, zu zerstückeln und auseinander zu zerren als künstlerische Einheit zu empfinden, den von Anfang an vorhandenen inneren Zusammenhang bestreiten und gar die Scene in zwei Teile zerlegen, die zu verschiedenen Zeiten entstanden und später notdürftig zusammengeflickt worden seien. Wie Scherer diese Kunst am ersten Monolog geübt, so Pniower an der Schülerscene[403]. Er geht von der Erscheinung der Wiederholung aus d.h. von der Thatsache, daß ein Dichter sich innerhalb desselben Werkes wiederhole, einzelne Gedanken und Motive wieder aufgreife, um sich von neuem in alte Stimmungen zu versetzen. Man wird davon mit Recht bei einem größeren Werke sprechen können, das im Laufe vieler Jahre entstanden, eine Zeit lang unterbrochen, schließlich die redigierende Hand nötig machte, also etwa bei dem Fragment von 1790 und ganz besonders bei der Ausgabe von 1808. Mißtrauisch wird man aber dem bei einem Werk gegenüberstehen, wo von einer Redaktion keine Rede sein kann, wie beim ältesten Faust, dessen einzelne Teile, nachdem sie im Geist des Dichters ausgetragen waren, durch einen bestimmten Anstoß in einem ununterbrochenen Strom, des Entstehens hervorgebracht wurden, von denen, wie er selbst erklärt, nichts nieder geschrieben ward, was nicht bestehen konnte[404]. Pniower hält nun die Verse 339. 340 für eine solche Wiederholung und zwar aus V. 386 = 1955 (»Nehmt euch der besten Ordnung wahr.«); er schließt daraus, daß die beiden zusammengehörigen Verse 339. 340:

> Ihr seid da auf der rechten Spur,
> Doch müßt ihr euch nicht zerstreuen
> lassen[405].

Flickverse seien und bei einer späteren Zusammenfügung der ursprünglich getrennten Teile der Scene eingeschoben worden seien. Diese Annahme findet er dadurch bestätigt, daß sie weder zum Vorhergehenden noch zum Folgenden recht paßten; darauf baut er weiter und sucht die völlige Verschiedenheit der beiden Teile im Ton, Stil, Metrik nachzuweisen und auch damit seine Ansicht zu stützen.

Der erste und der Grundirrtum ist in der Annahme enthalten. V. 340 sei nur eine Wiederholung des späteren Verses 386. Im ersten Falle aber—und damit ist auch der richtige Zusammenhang nach vor- und rückwärts gegeben —warnt doch Mephistopheles den Studenten, der das ganze Universum mit seinem Geiste umfassen möchte, vor der Gefahr der Zerstreuung bei der ungeheuren Ausdehnung des Wissensgebietes. Dagegen empfiehlt er nun als gutes Mittel die Logik, die den Geist, der ringsum wissenschaftlich schweifen möchte, in enge Schranken drängt und den vorgeschriebenen Weg zu wandeln zwingt; sie bringt ihm, der sich sonst zerstreuen könnte, die wahre Konzentration. Denn an diese Gegensätze ist hier zu denken, nicht etwa wie Pniower mit völliger Verkennung des bestehenden Zusammenhanges meint, an andre als wissenschaftliche Zerstreuung[406]. Zugleich gewinnt Mephistopheles mit dem »Doch« die erwünschte Gelegenheit, sich dem Thema, das ihm am Herzen liegt, zuzuwenden, wie er ähnlich auch in V. 277 und V. 409 dazu übergeht. Darum gehört auch die Anrede an die Spitze von V. 341 und nicht von 339; denn jetzt erst ist er wieder in seinem Fahrwasser und beginnt die eigentliche Belehrung[407]. V. 339. 340. sind also beim Vortrag herablassend anerkennend und rasch abbrechend zu sprechen, während dann mit V. 341 der lehrhafte Ton in seiner ganzen professoralen Würde einsetzt.

V. 376 bezieht sich dagegen auf den äußeren Gang des Studiums überhaupt; hier ist nicht mehr die Rede von einer inneren Zucht des Geistes durch die verschiedenen Disziplinen der Wissenschaft, sondern von Regelmäßigkeit im Besuch der Vorlesung, im Nachschreiben u.s.w.

Pniower hat demnach das »Zerstreuen« falsch verstanden; er ist dazu wohl durch die Änderung verführt worden, die Goethe später an unsrer Stelle vorgenommen, und mit der er dem Zerstreuen einen ganz andren Sinn gegeben hat, V. 1902 spricht Mephistopheles dieselben Worte; darauf folgt aber nicht sogleich seine Spottrede auf die Logik, sondern zunächst schließt sich eine Bemerkung des Schülers an, in der er allerdings das Zerstreuen im anderen Sinne faßt, in dem von Freiheit und Zeitvertreib, die er im ältesten Faust V. 272 bereits in seinem langen Wunschzettel für sich verlangt hatte[408]. Danach warnt ihn der Teufel vor Zeitverlust und gibt ihm als Mittel dagegen die Ordnung an:

>»Doch Ordnung lehrt euch Zeit gewinnen.«[409]

Aber auch hier ist Ordnung von der in V. 386 = 1955 gemeinten ganz und gar verschieden; im Grunde ist es dasselbe, wenn hier die Ordnung empfohlen, dort vor der Gefahr der Zerstreuung gewarnt wird; denn auch sie bezieht sich auf den inneren Gang des Studiums, darauf, daß der Schüler hübsch ordentlich den alten Weg trete und mit dem propädeutischem Studium der Logik den Anfang mache. In V. 1955 ist nach wie vor die äußere Ordnung, fleissiger Kollegienbesuch u.s.w. gemeint. Hervorgebracht wurde diese ganze Verschiebung eben dadurch, daß der Dichter alten Bestand (V. 272.) in erweiterter Form hier einfügte, weil es sich so am leichtesten, mit leiser Umdeutung des Sinns von »zerstreuen« machen ließ. Den charakteristischen Zug, das Verlangen nach Freiheit und Zeitvertreib, wodurch der Schüler in Gegensatz zu Wagner tritt, wollte Goethe offenbar bei der späteren Redaktion nicht verwischen. Nachdem dem »Zerstreuen« einmal ein anderer Sinn gegeben war, war nun natürlich am Anfang der Rede des M. (V. 1909 f.) Wechsel im Ausdruck nötig; er setzte daher eine mit der alten Wendung ungefähr gleichbedeutende ein, wobei es ihm im Augenblick gewiß nicht gegenwärtig war, daß er an der späteren Stelle das gleiche Wort schon einmal —allerdings in anderm Sinn—gebraucht habe.—Mit der Annahme von Flickversen ist es also nichts.

Nun ist es allerdings unzweifelhaft, daß die beiden Teile der Scene in Inhalt, Sprache, Metrik verschieden sind; d.h. also, daß mit der Verschiedenheit des Gehalts auch die der Form verbunden ist. Zu dem burlesken Inhalt gehört auch die derbere, volksmäßige Sprache; diese kleidet sich dann von selbst in das Gewand des für sie geeigneten, hier des kurzen, gedrungenen vierhebigen Verses. Dunkel scheint sie nur, wo man sie nicht versteht:[410] für Sentenzen war natürlich kein Raum[411].

Wie wenig mit derartigen sprachlichen und metrischen Kriterien ohne Zuziehung des gesamten sprachlichen und metrischen Materials zu machen ist, zeigt sich bei Pniowers Untersuchung, wenn er z.B. das Fehlen des pronomen personale beim Zeitwort als Zeitmesser annimmt, der eine frühere Stufe Goethischer Sprache anzeige; aber diese Auslassung findet sich im älteren Götz (1771) gerade seltener wie in dem von 1773[412]. Der vierhebige Vers ist schließlich ebenso wenig ausschlaggebend; er kommt z.B. wie Pniower selbst angibt, in den 76 ersten Versen des Monologs vor, die offenbar ins Jahr 1774 gehören; ebenso in der ersten Scene der Gretchentragödie, im Monolog Valentins, auch noch meist in der Brunnenscene, über deren Entstehungszeit wir noch näheres ermitteln werden; auch Pater Brey wird angeführt, der ja aber auch in die Jahre 1773/74 gehört und nicht so früh zu setzen ist, wie es Pniower thut[413]. Der Brief an Merck, den die Weimarische

Ausgabe in den Dez. 1771 setzt, gehört natürlich nicht in diese Zeit[414].

Es bleibt die wichtigste Frage: Ist es möglich, daß der Dichter zwei an Inhalt so grundverschiedene Teile gleichzeitig gedichtet habe? Darauf ist nur zu sagen, was schon wiederholt betont worden ist, daß der Dichter die derben Scherze des ersten Teiles nicht aus bloßer Freude daran vorbringe, sondern eine bestimmte satirische Absicht habe und auf thatsächlich vorhandene und bekannte Mißstände im Professorentum ziele, der Ton also auch hier professoral sei[415]. Sein eigenes Herz ist nicht bei den Späßen des Professors, sondern bei dem Studenten, der sie mit Entsetzen und Widerwillen vernimmt und immer wieder von dem zu hören verlangt, was ihm das Höchste ist, des Geists Erweitrung. Man könnte noch einwenden, ob sich nicht der Dichter auf einer späteren Entwicklungsstufe vor derartigen derben Scherzen gescheut hätte. Aber das wissen wir ja vom jungen Goethe, daß er seinem Übermut zu jeder Zeit die Zügel schießen ließ, diese Possen aber gerade seit 1773 erst recht in dem kleinen Kreise von Goethes Freunden im Schwange waren. 1775 hat er das derbe Gedicht auf Nikolai geschrieben,[416] ebenso das derbste, was er wohl je gedichtet hat, Hanswursts Hochzeit[417]. Derartige unkünstlerische Auswüchse gehören mit zu der Natur des jungen Goethe; sie zeigen sich in milderer Art auch in seinen größeren Werken neben den herrlichsten Stellen edler Kunst, im Götz und Werther[418]. Es war dies eben eine Folge von der Anschauung der Sturm- und Drangperiode, die wir auch in der Wagnerscene gefunden haben, alles, was aus der Empfindung komme mit der von ihr selbst mitgebrachten Form, sei anzuerkennen. »Die charakteristische Kunst ist nun die einzig wahre[419].«

Man denke auch an das bezeichnende Wort aus einem Briefe

an die Karschin vom Jahre 1775: »Mir ist alles lieb, was treu und stark aus dem Herzen kommt, mags übrigens aussehen wie ein Igel oder wie ein Amor[420].« Im ersten Teil der Schülerscene siehts nun mehr aus wie ein Igel; aber daraus ist noch kein Schluß auf eine verschiedene Entstehungszeit zu ziehen. Die Einheit der Scene darf nicht bezweifelt werden. Die Frage, wann sie entstanden sei, kann jetzt beantwortet werden.

Entstehungszeit der Schülerscene.

Auch für die Schülerscene bildet das Jahr 1772, die Beteiligung an den Frankfurter Gelehrten Anzeigen, die breite Grundlage. Sie gehört also zugleich mit der Wagnerscene in engeren Zusammenhang mit den satirischen Dichtungen der Jahre 1773 und 1774.

Man ist bei keiner Scene in größerer Unklarheit über die Zeit der Entstehung gewesen als bei ihr. Schon Luden, in dem bekannten Gespräch mit Goethe,[421] glaubt, sie sei wegen ihrer unmittelbaren Anschauung des akademischen Lebens und Treibens in Goethes Universitätsjahre zu setzen. Neuerdings hat Seuffert sie gar, besonders durch den Charakter ihres ersten Teiles verführt, der Leipziger Zeit des Dichters zugewiesen[422]. Was zu dieser Annahme nicht recht passen will, wird dann nach bekannter Methode für später an- und eingeflickt erklärt. Die Scene bietet aber gerade für die Leipziger Zeit den geringsten Anhalt. Der Student, wie er hier auftritt, geht in seinem wissenschaftlichen Streben, neben der Medizin vor allem die Natur des Alls zu erfassen, auf die Straßburger Zeit zurück. Der Dichter sagt es zum Überfluß auch selbst. Für den derben Angriff auf das Professorentum und für den feinen, ironischen Spott auf die Universitätsweisheit boten ihm aber

167

das Kampfjahr 1772 und die daraus erwachsenen neuen Beziehungen eine reichere Fülle von Stoff als ihm zugleich auf einer weniger hohen Entwicklungsstufe seine Studentenjahre hätten bieten können. Darum stehen auch Wagner- und Schülerscene innerlich in engstem Zusammenhang. In beiden wird gegen die beschränkte Schulweisheit und ihre starre Methode, die allem wahren Leben feind sind,[423] angekämpft; in der einen ist es Faust selbst, der mit heftigem, aber edlem Unwillen gegen jene geistlose Auffassung der Wissenschaft loszieht; in der andren der Teufel. Da herrscht natürlich ein andrer Ton; der Schalk ists, der in lustiger Maskerade, erst mit derbem, dann mit feinem Scherze, den Professor des 18. Jahrhunderts durch den Ton und Inhalt seiner Worte aufs ergötzlichste verhöhnt. Erst zuletzt wird auch dem Teufel sein Recht. Die Maske fällt, der Versucher steht da. Natürlich ist nicht an eine Verhöhnung Fausts zu denken, weil er ja auch Professor ist[424]. Denn über seinen Standpunkt sind wir ja durch die unmittelbar vorhergehende Wagnerscene völlig im klaren.

Die beiden Scenen sind also die wichtigsten Bruchstücke der akademischen Satire, der ursprünglich, da durch sie der Hintergrund zu Fausts Streben gegeben war, ein breiterer Raum und eine größere Bedeutung zugedacht war wie in der späteren Ausführung.

Endlich hätte schon die Thatsache, daß Mephistopheles in unserer Scene auftritt, davor warnen müssen, sie einer allzufrühen Zeit zuzuweisen. Wie ausgezeichnet ist er gleich hier bei seinem ersten Auftreten charakterisiert! Scherz und Ironie sind seine Waffen; überlegener Verstand ist ihm gegeben, mit dem er die menschlichen Verkehrtheiten durchschaut und von Verachtung des Menschen erfüllt, nur das Schlechte in ihm aufregt, um ihn zu seinen Zwecken zu benutzen. Wie ganz und gar hält sich dabei der Weltkluge in der Sphäre der Wirklichkeit! Welch ein Gegensatz zu Fausts mächtigem Gefühl, das alle menschliche Beschränkung zu durchbrechen sucht. Völlig klar ist außerdem schon hier ausgesprochen, was der Teufel will. Der Schluß der Schülerscene, wo er die Maske für uns ablegt, gibt uns einen Anhalt dafür, wie er zu Faust gesprochen hätte, wenn eine solche Scene im ältesten Faust ausgeführt worden wäre. Seine Forderung heißt: hinaus ins Leben! allerdings zu einem Leben in des Teufels Sinne, das den Menschen ins Verderben bringe; allein der Boden, auf den ihn der Teufel weist, ist doch derselbe, auf dem dem Menschen allein auch höchstes Glück und schließliche Erlösung beschieden sind. Damit ist uns zugleich ein Ausblick eröffnet auf die ursprüngliche Art der Verbindung zwischen Teufel und Erdgeist. Daß sie in Verbindung standen, ist bekannt, geht aus der Dichtung selbst hervor. So wie später Gott und Teufel einander gegenüber stehen und mit einander zusammenhängen, so anfangs Erdgeist und Teufel. Der erstere war von dem Dichter als Geist des Lebens der Erde in jedem Sinne, auch im höchsten des thätigen Lebens gedacht. Faust hatte aber den ganzen ungeheuren Umfang seines Wesens noch nicht zu fassen vermocht. Mephistopheles ist nun auch ein Geist des Lebens, also auch im Erdgeist mit einbegriffen, wie Gutes und Böses, Tod und Leben, Zerstören und Erschaffen in seinem Wesen sind, wie ja auch der Teufel in der Schöpfung Gottes enthalten ist. Das Leben aber, zu dem der Teufel verführt, gründet sich allein auf das Ausleben des Schlechten und Gemeinen, das in jedem Menschen wohnt, auf diesem Weg sucht er ihn zu verderben; er ist darum natürlich der Feind jeder Erhebung, jedes Aufschwungs und jeder Begeisterung und hat gerade seine Freude, dem gestürzten Titanen seine ganze Schwäche und Ohnmacht zu zeigen, jede Erhebung zu verkümmern und das Schlechte im Menschen zu stärken. Der kalte, gefühllose Verstand ist ihm gegeben, dessen Hauch das warme Gefühl im Herzen erstarren macht;[425] er ist also mit andren Worten der Widersacher, der im Innern des Menschen wohnt, sein Gefühl erstickt, dem Trieb der Erhebung entgegenwirkt, indem er höhnend auf das Unmögliche weist, und ihn endlich dahin bringt, sich trotzig beim Gemeinen, Niedrigen, Schlechten zu beruhigen, es allein in sich zu nähren. Alles das glaubt der Teufel eben am besten im Strudel des Lebens erreichen zu können. Innerhalb des Wirklichen herrscht der Teufel, im Reich der Idee hat er keine Macht. Bei Faust war für ihn der Augenblick gekommen, da er vom Erdgeist verschmäht war, an seiner Kraft, der Gottheit sich zu nähern verzweifelte, sein Geist, der nur noch die Ohnmacht und Schwäche des menschlichen Geistes empfand, dem teuflischen glich und so ihn von selbst anzog. Den Versuch, Erdgeist und Teufel in dieser Weise mit einander in Verbindung zu bringen,[426] hat der Dichter bekanntlich später—aber erst zur Zeit der dritten Beschäftigung mit Faust—aufgegeben, offenbar weil sich keine allgemein faßliche Form dafür bot, und er ist mit richtigem Gefühl auf die uralte, zum Allgemeingut gewordene Anschauung zurückgegangen, nach der Gott und Teufel es sind, die mit einander und gegen einander auf das Leben des Menschen einwirken.

Die Scene ist also jedenfalls nicht außer allem Zusammenhang gedichtet, sondern läßt uns überall die Fäden erkennen, die sie mit den übrigen Teilen des Gedichtes verbindet; sie kann nur zu einer Zeit entstanden sein, wo dem Dichter bereits das Wesen des Erdgeistes und sein Verhältnis zum Teufel klar vor der Seele stand. Man wird darum schon aus diesem Grunde von allzufrühen Ansätzen absehen müssen. Vor 1773 ist die Schülerscene in keinem Falle gedichtet; es entsteht nun auch hier wieder die Frage, wie bei der Wagnerscene, ob 1773 oder 1774. Denn über 1774 hinauszugehen, haben wir keine Veranlassung. Eine bestimmte Entscheidung wird sich aber auch hier nicht treffen lassen. Wenn die Vermutung richtig ist, Bahrdt habe im ersten Teil der Scene zum Bilde des Professors gestanden, so wird dadurch ebenfalls nur bestätigt, was aus dem übrigen hervorgeht, sie sei 1773 oder 1774 entstanden. Eine scharf begrenzte Zeit wie beim ersten Monolog hebt sich also nicht heraus. Auch die Sprache gibt keinen sicheren Anhalt; Nachlässigkeiten beweisen, daß auch hier die Feile fehlte; Vergl. noch V. 263: Sieht all so trocken ringsum aus. V. 336 f. von *aller* Erden, von *allem* Himmel und *all* Natur, ——V. 316 bekleiben; auch in den Biblischen Fragen d.j.G. 2. 232 unten und im Satyros a.a.O. 3. 493.

3. Die Scene in Auerbachs Keller.

Die Scene in Auerbachs Keller muß ebenfalls in den Zusammenhang der akademisch-satirischen Scenen mit einbezogen werden; sie unterscheidet sich jedoch von den beiden im ältesten Faust unmittelbar vorhergehenden, die, wie wir gesehen, den gleichen Zweck haben, Verkehrtheiten der Wissenschaft und ihrer Vertreter zu verspotten. Ein Bild studentischen Lebens und Treibens, wie es sich auf dem Boden der Kneipe abspielt, entrollt sie vor unseren Augen. Die Satire ist aber hier nicht feindselig; keinem Gegner ist sie in den Mund gelegt; sie ergibt sich hier ganz von selbst aus dem dramatisch bewegten Gemälde, das von dem Dichter entworfen ist. Das Leben und Treiben dieser Gesellen spielt sich vor unseren Augen ab. Unsere Scene ist also durchaus dramatisch gehalten und ganz anderer Art als die beiden Kampfdialoge, in denen immer der eine der Unterredner eine sehr untergeordnete Rolle spielte.

Ein weiterer Unterschied ist: wir bewegen uns hier wieder völlig auf dem Boden der Sage, aber der Dichter hat es dabei nicht nötig gehabt, seinem modernen Empfinden Zugeständnisse zu machen. Faust mit seinen teuflischen Kunststücken, der Ort der Handlung, der Verkehr mit Studenten, der Faßritt, alles zusammen gehört der Überlieferung an. Aus diesen überlieferten Elementen hat der Dichter eine ganz eigenartige Scene geschaffen; vielleicht hat auch eine Fassung des Volksschauspiels bereits eine Auerbachscene erhalten,[427] die dann den unmittelbaren Anstoß zu der unseren gegeben hätte. Sie gewährt also ein in jeder Beziehung von den übrigen verschiedenes Bild; die erste Hauptmasse ist mehr lyrisch gehalten; die beiden folgenden Scenen sind polemisch-didaktisch, diese ist dramatisch, wie die Scenen des Götz, im Geiste Shakespeares. Der Anfang ist in Versen; aber eigentümlicher Weise, sobald es nicht mehr die Empfindung ist, die sich im wechselnden Rythmus zum Ausdruck bringt, nicht mehr satirische Polemik, die das Maß der Fastnachtsspiele annimmt, sobald das dramatische Element zum Durchbruch kommt, da tritt nach den ersten wenigen Versen wie von selbst die Prosa hervor, in die sich im Anfang der Frankfurter Zeit der Götz gekleidet hatte, an ihrem Ende der Egmont kleiden sollte. Dieser Übergang aus dem Reimvers in die Prosa ist auch deshalb von Bedeutung, weil wir wohl daraus den Schluß ziehen dürfen, die Auerbachscene sei die erste der Prosascenen im Faust. Denn wäre schon eine solche niedergeschrieben gewesen, so hätte Goethe wohl nicht erst den Versuch gemacht, eine dramatisch so bewegte Scene in Verse zu fassen.

Wir treten mit ihr zugleich in eine neue Sphäre des Dramas; denn wir treffen hier Faust auf der ersten Station seiner Weltfahrt, die er mit Mephistopheles unternimmt. Der Faden der Handlung ist also auch hier weitergesponnen. Mephistopheles hat, wie wir es schon in der Schülerscene aus seinem Verhalten zu dem Studenten entnehmen dürfen,

Faust nach dem Scheitern aller seiner hohen Pläne aufgefordert, sich mit ihm in die Welt, in das Leben zu begeben. Die Welt, in die er ihn zuerst führt, ist die, die der junge Dichter aus eigener Erfahrung kannte: zunächst die kleine des studentischen Treibens. Von seinem späteren Standpunkt aus hat er darum nicht mit Unrecht, jene Sphäre, in die er seinen Helden versetzt hatte, eine kümmerliche genannt.

Nach dem ganzen Inhalt der Scene werden wir bei der Frage nach den Entstehungsmotiven mehr auf die Suche nach äußerer als innerer Erfahrung gewiesen, die sich dann mit dem Überlieferten zu einem Ganzen verband; indes selbst hier, wo man es doch am wenigsten erwarten sollte, hat auch das innere Leben des Dichters mitgearbeitet. Im ersten Teil, bis zum Auftreten von Faust und Mephistopheles, will das rohe Treiben der Studenten anfangs nicht recht in Gang kommen; endlich versuchen sies mit Singen: verschiedene Lieder werden angestimmt, keines findet Beifall, bis Frosch das Lied von der Ratte singt, dessen Rundreim vom Chor mitgesungen wird. Hierbei hat nun offenbar der Dichter in der Person Siebels, der, von seiner Geliebten verschmäht und in seinem Ehrgeiz gekränkt, seinem Unmut in Wendungen Shakespearischer Art Luft macht, mit dem Rattenliede, das den unglücklich Liebenden im Bilde der vergifteten Ratte darstellt, deren Schmerzen die Vergifterin lachend zusieht, und in der Art, wie Siebel seine Teilnahme mit jener zu erkennen gibt, seine eigene unglückliche Stimmung in der Zeit seiner Liebe zu Lili verspottet. Diese Annahme wird durch eine Stelle aus einem Briefe an die Gräfin Auguste Stolberg vom 17. September 1775 bestätigt, wo er, wie man schon längst gesehen,[428] das peinigende Gefühl seiner unglücklichen Liebe in ähnlicher Weise vergleicht: »Mir wars in all dem, wie einer Ratte, die Gift gefressen hat, sie läuft in alle Löcher, schlürft alle

Feuchtigkeit, verschlingt alles Eßbare, das ihr in Weg kommt, und ihr Inneres glüht vor unauslöschlich verderblichem Feuer[429].«, Wie hier und im Liede unter dem Bild der Ratte der unglücklich Liebende verborgen ist, so in dem Gedichte Lilis Park, das ähnlicher Stimmung entsprungen ist, unter dem des Bären, der allerdings seine menschliche Natur nicht verleugnen kann. Er ist wirklich vom Zauber der Liebe ergriffen, der aber ähnlich wie Gift auf ihn einwirkt:

> Ich arbeite mich ab, und bin ich matt genung,
> Dann lieg ich an gekünstelten Kaskaden,
> Und kau und wein und wälze halb mich tot,
> — —[430]

Die Geliebte hat aber ihren Scherz mit ihm:

> So treibt sies fort mit Spiel und Lachen;[431]

> Ha! manchmal läßt sie mir die Thür halboffen
>   stehn,
> Seitblickt mich spottend an, ob ich nicht fliehen
>   will[432].

Das Spottlied ist verklungen, Siebel, der die Beziehung zu seinem Zustand wohl herausgefühlt hat, darob verspottet, da treten Faust und Mephistopheles ein. Die Burschen stellen ihre Vermutungen über sie an; dann versuchen sie es, die neu Angekommenen aufzuziehen, und laden sie schließlich zu ihrem Trinkgelage ein. Auch dieser zweite Teil gipfelt in einem Liede, zu dem Mephistopheles aufgefordert wird. Der Teufel, der, wie er vorgibt, aus dem Lande Krugantinos kommt, ist dazu gleich bereit. Er singt das Lied vom Floh, der Günstling am Hofe geworden; alle Höflinge müssen darum seine Eigenheit ertragen, keiner darf sich,

174

was doch sonst jedem erlaubt ist, seiner erwehren. Wir dürfen nun selbst hierbei nach der Beziehung zu dem Leben des Dichters fragen. Am 11. Dezember 1774 hatte ihn Knebel, der Erzieher des Prinzen Konstantin von Weimar besucht und ihn dazu vermocht, sich den beiden Weimarischen Prinzen, die in Frankfurt angekommen waren, vorzustellen; am 13. Dez. folgte er ihnen mit Knebel nach Mainz nach[433]. Seit dieser Zeit sind Goethes Blicke nach Weimar gerichtet; Knebel ist es, durch den er mit dem dortigen Hofe Fühlung zu behalten sucht[434]. In Goethes Vaterhause entspinnt sich aber seit diesem Besuche ein eigentümlicher Streit. Dem Sohn war die Aussicht auf den Hofdienst eröffnet, der Vater wollte davon nichts wissen und gab seine Abneigung durch volkstümliche Redensarten kund; der Sohn blieb ihm aber die Entgegnung nicht schuldig. Daraus entsprangen dem Dichter kleine Dialoge, die diesen Gegensatz behandeln, und von denen er einige in seiner Lebensgeschichte mitgeteilt hat. Zu ihnen gehört z.B. der Reim:

> Willst du die Not des Hofes schauen!
> Da wo dichs juckt, darfst du nicht krauen![435]

Der Zusammenhang mit dem Flohlied tritt deutlich zu Tage; es ist offenbar nur ein Niederschlag der kleinen Streitigkeiten, die damals in Goethes Vaterhause an der Tagesordnung waren, da der fürstliche Besuch dem Sohn auf Bahnen, die den Wünschen des Vaters nicht entsprachen, eine lockende Aussicht eröffnete.

Das Flohlied ist der Höhepunkt des zweiten Teils der Scene, in der Mephistopheles eine Hauptrolle spielt, während Faust, der keine Stimme hat, ganz zurücktritt. In dem folgendem Teil tritt dagegen Faust hervor und zwar als der Zauberer der Sage, der unter höllischer Mitwirkung zum ersten Mal seine Zauberkünste versucht. Der Teufel hat mit dem Liede seinen Beitrag zu der Gesellschaft geliefert, Faust thuts, indem er den Wein herbeischafft[436]. Alle Wünsche sind befriedigt, da verrät sich durch Siebels Unvorsichtigkeit der höllische Spuk. Alle wollen über den Zauberer her; allein der verblendet sie so, daß sie sich in ihrem Wahn mit komischen Gebärden einander zuwenden[437]. Faust bricht endlich den Zauber und entfernt sich mit Mephistopheles; einer hat ihn sogar auf einem Faß hinausreiten sehen[438]. In komischer Angst brechen dann auch die Gesellen auf, nicht ohne daß Siebel noch einmal nachsieht, ob nicht doch der Wein noch laufe.

Entstehungszeit der Scene in Auerbachs Keller.

Die Frage, wann diese Scene gedichtet sei, läßt sich leicht und sicher beantworten. Zunächst gibt uns das das Flohlied einen deutlichen Fingerzeig; es kann nicht vor dem 11. Dezember 1774 entstanden sein; denn erst seit dieser Zeit war dem Dichter die Aussicht auf den Hofdienst eröffnet worden, hatte der Gedanke daran für ihn Bedeutung gewonnen. P. Hoffmann hat nachgewiesen, daß das Goethische Lied mit Schubarts Fabel ohne Moral: Der Hahn und der Adler in Zusammenhang steht[439]. Die Rolle, die bei Goethe der Floh spielt, hat bei Schubart weniger geeignet der Hahn ein. Goethe hat sich nicht gescheut, hier mit volkstümlichen Scherze in Fischarts Geiste zu ändern. Schubarts Fabel erschien im 7. Stück der Deutschen Chronik Bd. 1. S. 55 f. vom 21. April 1774. Jedenfalls ist also nach diesem Zeitpunkt und auch nicht eher als bis das Thema für den Dichter eine Beziehung erhalten hatte, das Flohlied gedichtet.

Einen weiteren Anhalt geben das Rattenlied und die ihm unmittelbar folgenden und vorausgehenden Auslassungen;

sie führen uns mitten hinein in die Lilische Epoche, wie Fritz Jacobi einmal die Zeit von Goethes Liebe zu Lili Schönemann genannt hat[440]. Wann er aber solcher Stimmung war, daß er sich durch bittere Selbstverspottung von der Qual seines Zustandes zu befreien suchte, das zeigt die angeführte Briefstelle vom 17. September 1775. Es sind die letzten Wochen vor seiner Flucht nach Weimar, in denen seine Pein auf das höchste gestiegen war. Vergebens war er im Sommer in die Schweiz geflohen[441]. Mit der Rückkehr begann auch der jähe Wechsel in der Stimmung, das Zweifeln und Quälen, die schwebende Pein wieder. Die Briefe an die Gräfin Stolberg geben davon beredtes Zeugnis[442]. Ihren Höhepunkt erreichten die qualvollen Kämpfe im Herzen des Dichters mit der Herbstmesse[443]. Damals ist das mit dem Rattenlied stimmungsverwandte Gedicht Lilis Park entstanden, das »mit genialer Heftigkeit das Widerwärtige erhöht und durch komisch-ärgerliche Bilder das Entsagen in Verzweiflung umzuwandeln trachtet«[444]. Es ist uns nur in seiner späteren Fassung erhalten; von der früheren dürfen wir wohl annehmen, daß sie den Scherz noch derber aufgetragen habe und auch dadurch dem Rattenlied verwandt gewesen sei.

Alles drängt uns so zu der Annahme, unsere Scene sei im September 1775 geschrieben. Nun enthält Goethes Brief vom 17. September die Angabe: »Ist der Tag leidlich und stumpf herumgegangen; da ich aufstund, war mir gut, ich machte eine Scene an meinem Faust«. Nachdem er dann berichtet, was er weiterhin getrieben habe, folgt die angeführte Umschreibung des Rattenliedes. Man hat daher allgemein sich zu der Ansicht erklärt, die Scene in Auerbachs Keller sei in der Morgenfrühe des 17. September 1775 gedichtet[445]. Neuerdings wird diese Vermutung bezweifelt, so von E. Schmidt,[446] weil Goethes Improvisation auf dem Zürchersee am 15. Juni 1775.

177

> Ohne Wein kanns uns auf Erden
> Nimmer wie dreihundert werden[447] ...

nur aus dem Rundreim:

> Uns ist gar kannibalisch wohl
> Als wie fünfhundert Säuen!

zu verstehen sei. Allein jener Scherz, der doch gewiß nicht darauf berechnet war, mit unserer Scene in der Hand aufgenommen zu werden, beruht hier wie dort auf einer volkstümlichen Wendung, die dem Dichter jederzeit geläufig war. Die Auslassung in jener ersten Fassung ist selbst ein Scherz; die Ergänzung selbstverständlich[448]. Außerdem ist nicht zu verkennen, daß wir es an beiden Stellen mit weiter nichts zu thun haben als mit einer Umschreibung des ebenso volksbeliebten Ausdrucks »sauwohl«, den Goethe gerade in dem Tagebuch der Schweizerreise verschiedentlich anwendet[449]. Eine übermütig lustige Stimmung, nur selten gemischt mit der Erinnerung an sein Weh, spricht uns aus den wenigen abgerissenen Blättern dieses Tagebuchs an; noch später konnte er mit ihnen seiner Schilderung der Reise frische Unmittelbarkeit und Lebendigkeit geben[450]. Doch mag eine andere Beziehung zwischen jenen Reiseaufzeichnungen und der Scene in Auerbachs Keller obwalten. Ist es nicht möglich, daß die noch frische Erinnerung an die tollen lärmenden Stunden, die er mit seinen Reisegesellen erlebt, so daß es denn einmal heißt: »Gejauchzt bis 12«[451] mit dazu beigetragen habe, dem lärmenden, albernen Treiben der Studenten in Auerbachs Keller die Farbe des Lebens zu verleihen? Man denke auch an die Wirtshausscene in Mannheim, die sich gleich beim Antritt der Reise zwischen Goethe und den beiden Grafen Stolberg abspielte[452]. Einer von ihnen, Fritz Stolberg, war dazu in ähnlicher Lage wie Goethe;[453] auch er konnte also zu dem komischen Bilde Siebels beisteuern. Der burschikose Ton, der unter ihnen geherrscht haben muß, ist uns noch heute vernehmbar, wenn wir den Brief vom 4. Oktober 1775 lesen, den Goethe nach der Reise an Fr. L. von Stolberg und Genossen geschrieben hat[454]. Merck hatte ihn vorher gewarnt und gar manchmal bildete er sich ein, der Darmstädter Freund zupfe ihn am Kragen[455]. Der Dichter brauchte also nur den Ton ihres gemeinsamen Treibens etwas niedriger zu stimmen, die Farbe etwas derber aufzutragen; auch Erinnerungen an studentisches Unwesen, wie er es selbst, zuletzt noch im Sommer 1772 in Gießen, gesehen hatte, mögen Anteil an unserer Scene haben; auch darüber hatte Merck bekanntlich seinen größten Abscheu bezeugt[457].

Über die Entstehungszeit der Scene besteht demnach kein Zweifel. Sie gehört in die zweite dramatische Epoche des jungen Goethe der Frankfurter Jahre. Shakespeares Geist schwebt über ihr; wir spüren die Nähe des Egmont, der sich damals ebenfalls bildete. Sie zeigt uns den Übergang von dem Vers der satirischen Dialoge zu der Prosa dramatisch bewegter Handlung, für die der Dichter erst später die entsprechende metrische Form fand. Die Scene ist jedenfalls nach der Schweizerreise gedichtet mit großer Wahrscheinlichkeit im September 1775. Es ist darum ganz entsprechend, den 17. September als den Tag ihrer Entstehung anzunehmen, obwohl der Beweis dafür nicht mit völliger Sicherheit erbracht werden kann. Man könnte vielleicht einwenden, die Lieder auf die sich die Zeitberechnung vor allem stützt, seien vor der Ausbildung der Scene selbst gedichtet; aber dann wäre das Rattenlied im September verfaßt, und die Scene könnte dann nicht viel später entstanden sein. Völlig verkehrt wäre aber anzunehmen, die Lieder seien etwa nachträglich in die Scene eingetragen worden; denn die beiden ersten Teile derselben verlangen von Anfang an durchaus die Lieder und verlören ohne sie ihren inneren Zusammenhang[458].

Nach alledem sind wir zu der Annahme berechtigt, daß die Scene in Auerbachs Keller im September 1775, vielleicht in der Morgenfrühe des 17. September vom Dichter mit rascher, glücklicher Hand hingeworfen sei.

FUSSNOTEN

[212]

Vergl. meine Doktordissertation: Untersuchungen über Goethes Faust I. Der erste Monolog und die Erdgeistscene. Gießen 1892.

[213]

S. a.a.O. S. 7.

[214]

D.W. T. 4. B. 18. W. Bd. 29. S. 83 f.

[215]

a.a.O. T. 2. B. 6. Bd. 27. S. 15.

[216]

Scherer. Aus Goethes Frühzeit. S. 74.

[217]

D.j.G. 2. 28.

[218]

a.a.O. 3. 449.

[219]

a.a.O. 3. 322.

[220]

Ein für Wagner höchst charakteristischer Zug, der ihn sofort im Gegensatz zu Faust erscheinen läßt. W. kennt keine andere Begeisterung als am fremden Feuer; und auch sie ist ihm nichts weiter als eine nützliche Schulübung. Dasselbe setzt er auch ohne weiteres bei seinem Herrn voraus.

[221]

D.j.G. 3. 686.

[222]

a.a.O. S. 687.

[223]

Paralip. 1 zu Faust. (W. 14. S. 287.)

[224]

Von gleicher Verachtung für eine Dichtung, die eigens für die Bühne schreibt, um durch ihre äußerlichen Mittel zu wirken, schreibt Goethe im Anhang zu Mercier a.a.O. S. 687: »Wer übrigens eigentlich für die Bühne arbeiten will, studiere die Bühne, Wirkung der Fernemalerei, der Lichter, der Schminke, Glanzleinewand und Flittern, lasse die Natur an ihrem Ort, und bedenke ja fleißig, nichts anzulegen, als was sich auf Brettern zwischen Latten, Pappendeckel und Leinwand, *durch Puppen*, vor Kindern ausführen läßt.«

[225]

Vergl. Andreä bei Herder W. 11, S. 118:

Drum wünsch ich, daß all meine G'sellen
Ihn'n auch abtrennen lan die Schellen.

[226]

Ganz anders dachte bezeichnender Weise z.B. Bahrdt über
Deklamation und Aktion; Leben. 2, S. 148.—Über die
berüchtigte Stelle seiner Homiletik (1773) und die
Beziehung, die unsere Stelle offenbar darauf haben muß.

[227]

Vergl. auch Sauers Einleitung zu den Stürmern und
Drängern, Kürschner, Deutsche Nationallitt. Bd. 79 I. S. 33 f

[228]

D.j.G. 3. 686.

[229]

a.a.O. 2. 40.

[230]

a.a.O. 3. 686.

[231]

a.a.O. 3. 245.

[232]

a.a.O. 2. 212.

[233]

Br. 2. Nr. 338. S. 282.

[234]

Paralip. 1. W. 14. S. 287.

[235]

Vergl. Dauer im Wechsel. (W. 1. S. 120.) zur Zeit der dritten
Beschäftigung mit Faust gedichtet.

[236]

Schon im Journal der Reise von 1769: Sich vor einer
Gewohnheits- und Kanzelsprache in Acht zu nehmen,
immer auf die Zuhörer sehen, für die man redet, sich immer
in die Situation einpassen, in der man die Religion sehen
will, immer für den Geist und das Herz reden: Das muß
Gewalt über die Seelen geben! oder nichts gibts! Hier ist die
vornehmste Stelle, wo sich ein Prediger würdig zeigt. Hier
ruhen die Stäbe seiner Macht. — W. Bd. 4. S. 370.

[237]

Herders Ansichten in dieser Sache hatte Goethe bereits in
Straßburg erfahren, wo er auch Gelegenheit hatte, die Art
seines Vortrages kennen zu lernen. Er schreibt darüber:
Seine Art zu lesen war ganz eigen; wer ihn predigen gehört
hat, wird sich davon einen Begriff machen können. Er trug
alles ernst und schlicht vor; völlig entfernt von aller
dramatisch-mimischen Darstellung, vermied er sogar jene
Mannigfaltigkeit, die bei einem epischen Vortrag nicht allein
erlaubt ist, sondern wohl gefordert wird: eine geringe
Abwechselung des Tons u.s.w. (D.W. T. 2. Bd. 10. W. 27. S.
341.) — Über den Geist, der in dieser Hinsicht im Straßburger
Kreise herrschte, berichtet er mit Anführung der alten
Lesart aus der Wagnerscene: »Schon früher und wiederholt
auf die Natur gewiesen wollten wir daher nichts gelten
lassen als Wahrheit und Aufrichtigkeit des Gefühls, und der
rasche derbe Ausdruck desselben,

> Freundschaft, Liebe, Brüderschaft,
> Trägt die sich nicht von selber vor?

war Losung und Feldgeschrei, woran sich die Glieder unserer kleinen akademischen Horde zu erkennen und zu erquicken pflegten. (a.a.O. T. 3. B. 11. W.B. 28. S. 57.) Herders Fragmente las er in Wetzlar zum ersten Mal und nichts genoß er daraus inniger, »als das wie Gedank und Empfindung den Ausdruck bildet.« (Br. 2. N. 88. an Herder Mitte Juli 1772. S. 18.)

[238]

F.G.A. N. 60. den 28. Juli 1872—S. 392. Z. 25 ff.—393. 3. ff. 22 ff.—Vergl. Haym, Herder Bd. 1. S. 601 ff.

[239]

Vergl. noch a.a.O. S. 393. 26 f. 35 f. 395. 15.

[240]

Thomas, essais sur le caractère etc.—Die Rezension wird von R. Steig, Vierteljahrschr. f. Litt.-Gesch. 5, 223 ff. für Herder nicht in Anspruch genommen.

[241]

a.a.O. S. 666.

[242]

W. Bd. 7. S. 219.

[243]

Vergl. noch D.j.G. 2. 216. v. d. Hellen, S. 49. Br. 2. N. 216. S. 155.

[244]

D.j.G. 3. 207. vergl. auch 2. 202 f.

[245]

Br. 2. 266 a. S. 327.

[246]

Ein Ton, den besonders Voltaire angeschlagen hatte; vergl. z.B. 15. Haym, Herder Bd. 1. S. 544.

[247]

F.G.A. S. 222. 18 ff. (Vergl. auch 223. 36 ff. N. 24. den 28. April 1772.)

[248]

a.a.O. S. 271. 6 ff. (N. 41. den 22. Mai 1872.) Die Abneigung, in diesen Geheimnissen zu lesen, ist Goethe zeitlebens geblieben; vergl. das Gespräch mit Luden vom 19. August 1806. (Gespr. 2. S. 82.)

[249]

a.a.O. S. 270. 7 ff.

[250]

a.a.O. S. 295. 5 ff.

[251]

a.a.O. S. 321. 6 f. (Nr. 49. den 19. Juni 1772.)

[252]

D.j.G. 2. 206 ff.

[253]

Noch 1776 klingt dies Thema nach und an die Fauststelle an in dem Schreiben an Herder, da es sich um seine Berufung nach Weimar handelte:

Und im Grund weder Luther noch Christ

Im mindesten hier gemeinet ist,
Sondern was in dem Schöpsen-Geist
Eben lutherisch und christlich heißt.

Br. 3. N. 404 vor 20. Februar 1776? S. 33. 5 ff.

[254]

F.G.A. S. 453. 35 ff. (N. 69. den 23. August 1772.)

[255]

a.a. O. S. 455. 36. – Vergl. auch Hamann 2. S. 289.

[256]

a.a.O. S. 356. 2. (N. 54. den 7. Juli 1772.)

[257]

a.a.O. S. 482. 36. (N. 73. den 11. September 1772.)

[258]

Vergl. die oben angeführte Stelle. (F.G.A. S. 222. 32 f.)

[259]

a.a.O. S. 553. 20 ff. (N. 54 den 7. Juli 1772.)

[260]

a.a.O. S. 354 35 ff.

[261]

a.a.O. S. 230. 28 ff. (N. 35. den 1. Mai 1772.)

[262]

a.a.O. N. 355. 37 f.

[263]

a.a.O. S. 490. (N. 74. den 15. September 1872.)—vielleicht auch S. 477. 4 f. (N. 72. den 8. Sept. 1772.)

[264]

D.j.G. 2. S. 391.—Noch später nennt er in der Farbenlehre bei der Charakteristik des 18. Jahrhunderts es das selbstkluge.

[265]

W. Bd. 6. S. 203 f.

[266]

Vergl. Suphan in der Vierteljahrschr. f. Litt.-Gesch. Bd. 1. S. 527.

[267]

In den Zusätzen zum dritten Abschnitte;—vergl. Haym, Herder, Bd. 1. S. 538 ff.

[268]

W. Bd. 28. S. 281.

[269]

D. W. am Anfange des 17. B. W. Bd. 29. S. 37.

[270]

B. 7. W. Bd. 27. S. 146.

[271]

Von 1765. S. 128-131.—Die »bedeutende« Stelle ist von Heyne.

[272]

W. Bd. 27. S. 226 f.

[273]

a.a.O. S. 682 ff. (N. 103. den 25. Dez. 1772 u. 104 den 29. Dez.). Das Werk heißt: Erfahrungen und Untersuchungen über den Menschen. — (Vergl. auch Scherer in der Einl. S. XC.)

[274]

a.a.O. S. 688. 4 ff.

[275]

D.j.G. 2. S. 226. Vergl. auch 3. S. 439. die Verse im ewigen Juden:

> Es waren, die den Vater auch gekannt.
> Wo sind sie denn? Eh, man hat sie verbrannt.

— und Br. 2. N. 270. vom 23. Dez. 1774. S. 218. 7 ff. — Der junge G. hat also doch »thöricht« geschrieben, (V. 238 = 591.) und nicht »kühn«, wie Vischer, G. Faust, N. Beiträge u.s.w. N. 272 annahm. Es ist aber ja gar nicht so bös gemeint, daß er Vischers Strafrede verdient hätte.

[276]

D.j.G. 2. S. 16 ff.

[277]

Vergl. Rosenkranz, G. u. seine Werke, Königsberg 1847. S. 406. — Der nüchterne Verstand, der doch für die Ärmlichkeiten seiner Forschung schwärmen kann, u.s.w.

[278]

So Herder in den F.G.A. S. 456. 34.

[279]

Herder W. 1. S. 256.

[280]

Goethe Br. 2. Nr. 85. (Ende 1771.) S. 12. 14 ff.

[281]

W. Bd. 28. S. 161. (D. W. 37. B. 12.)

[282]

Vergl. auch Br. 2. N. 116. vom 25. Dez. 1772. S. 51. 4 ff.

[283]

Neudruck S. 63. 24 ff.: solch ein Bursch, den die lungensüchtigste Imagination nicht krüppelhafter zusammenstoppeln kann das non plus ultra von Armseligkeit, der Plauderer, Nichtswisser; die Nachlese des menschlichen Verstandes!—s. G. J. 1. 181.—Noch schärfer nimmt ihn Müller von Itzehoe in seinem Roman Siegfried von Lindenberg (Kürschner Bd. 57. S. 360 f.) vor:——Der Lumpensammler am Parnaß, der ohne Unterlaß vor den Thüren der Gelehrten herumschleicht, und hinter ihren Gärten, dort das Kehricht, und hier den Misthaufen durchwühlet, ob er irgend einen kassierten Brouillon oder sonst einen verworfenen Lumpen von einem Gedicht aufstöbern kann u.s.w.

[284]

Das hat im Grunde Weiße, Kritik und Erklärung des G.F. Leipzig 1837. S. 85 schon richtig erkannt, wenn er in unserer Scene bei aller schlagenden Kraft und epigrammatischen Schärfe im Grunde nur die Gemeinplätze der sogenannten Genieperiode findet.

[285]

Man darf auch die erste Scene von Erwin und Elmire zum Vergleiche herbeiziehen, in der Olympia mit unmutigem Eifer die moderne Erziehung bekämpft und alle Einwendungen ihrer Tochter zurückweist; (z.B. die Art des Einwands d.j.G. 3. 508. Unsre Kenntnisse, unsre Talente!). Erwin reicht in seinen Anfängen bekanntlich bis 1773 zurück.

[286]

Gegen die äußerliche Verwendung der Parallelstellen wendet sich mit Recht z.B. Braitmaier Goethekult. u. Goethephilologie, Tübingen 1892. S. 23.

[287]

G. J. 6. S. 309. u. V. J. Schr. f. Litt.-gesch. 1. S. 525 ff.

[288]

W. Bd. 7. S. 304 unten.—Vergl. auch Huther, Herder im Faust, (Z. f. d. Ph. Bd. 21. S. 329 f.) der ganz irrig von gekräuseltem *Schnitzel*werke spricht und in Folge dessen den Ausdruck völlig falsch erklärt.

[289]

Noch deutlicher ist das Bild in den Entwürfen von 1773. Bd. 7. S. 189: Möglich? ich glaube vielmehr, es wäre die einzige wahre, wenn sie uns nicht gerade abgekehrt und das gekreiselte, schwache Schnitzwerk der Philosophie, an dem uns aber das rechte Gefäß gerade vor der Hand abbricht, uns vorstünde.

[290]

Vergl. auch Koegel in der Viertelj.-schr. f. Litt.-gesch. 1. S. 60.

[291]

W. 1. S. 365.

[292]

Auch eine Phil. d. Gesch. u.s.w. Hempel. W. B. 21. S. 159.

[293]

Br. 3, N. 514. vom 16. Sept. 1776. S. 111.

[294]

Br. 3. N. 729 vom 5. Aug. 1778. — S. 238. —

[295]

Wagner 1. S. 188. 290. 339.

[296]

Wieland an Merck am 3. Aug. 1872.

[297]

D.j.G. 1. S. 116 u. W. Bd. 9. V. 53. S. 5.

[298]

Br. 2. N. 272. S. 221.

[299]

v.d.H. S. 207.

[300]

D.j.G. 3. S. 580.

[301]

F.G.A. S. 540. 9. (N. 82. den 13. Okt. 1772.)

[302]

D.j.G. 2. S. 209.

[303]

Br. 1. N. 51. S. 200.

[304]

Vergl. auch die wohl auch Goethische Wendung: den Sand aufgeraffter Formeln und Floskeln gaffenden Jünglingen vom Katheder ins Gesicht werfen. (F.G.A. S. 426. 34 ff. N. 65. den 14. Aug. 1772.)

[305]

W. Bd. 7. S. 219.

[306]

D. W. T. 2. Bd. 10. (W. Bd. 27. S. 541.)

[307]

V.-j.-schr. f. Litt.-gesch. Bd. 1. S. 528.

[308]

F.G.A. S. 271. 6 ff.

[309]

W. 2. S. 19.

[310]

S. 18.

[311]

Ein abschreckendes Beispiel jener Sucht, überall angebliche Parallelstellen aufzuspüren, die dem Dichter natürlich bei seinem Werke vorgeschwebt haben, auf die man hin kecklich die Entstehungszeit ganzer Scenen festsetzt, gibt Huther in dem oben angeführten Aufsatze. Er versteigt sich zu der

Behauptung: der Dichter dramatisiert von hier an bis zum Ende der ganzen Scene die von Herder in den Provinzialblättern geführte Polemik gegen den von Spalding in dessen Buch von der Nutzbarkeit des Predigtamtes vertretenen theologischen Rationalismus u.s.w. (a.a.O. S. 330.). Ähnlich macht es z.B. auch Biedermann mit dem Satyros; Stellen Basedowscher Schriften sind nach ihm die Vorlage für einzelne und darunter gerade die schönsten und empfundensten Stellen jener Dichtung. Geht das so fort mit dieser kläglichen, ganz undichterischen Auffassung der Werke unseres Dichters, so ist er bald nur noch als der zu betrachten, der eine Reihe Prosaschriften der Zeit in schöne Verse gebracht!

[312]

an W. v. Humboldt d. 17. März 1832.

[313]

F.G.A. S. 579 unten u. 580. 1 ff. (N. 88 d. 3. Nov. 1772.)

[314]

Vergl. meine Dissertation S. 76 ff.

[315]

V. 1770-1867.

[316]

V. 249—266 = 1868—1895.

[317]

Vergl. V. 403.

[318]

Darum hat auch später, nachdem der erste Teil gestrichen war, diese Frage (V. 196 f.), die dadurch am Ende der Einleitung steht, dort keine rechte Stelle mehr und ihre alte Bedeutung damit eingebüßt.

[319]

Goethes F. in ursprünglicher Gestalt u.s.w. S. XXV.— Ähnlich auch Weltrich, wenn er den Witz hier studentisch grün nennt (Magazin für d. Litt. d. In- u. Ausl. Jahrg. 57. (1888.) S. 254). Vergl. ferner Seuffert Vj.-schr. f. Litt.-gesch. 4. 340.

[320]

E. Schmidt: ebenda.

[321]

Grenzboten, Jahrg. 46 (1887) 4. S. 16 (K. Fr. Bahrdt).

[322]

Laus Metaphysices in consessu Metaphysicorum recitanda; ebenfalls in einer Form abgefaßt, die in den Kämpfen des Humanismus und der Reformation viel gebraucht worden war. Über Klotz vergl. z.B. Ebeling, Geschichte der Komischen Litteratur in Deutschland seit der Mitte des 18. Jahrhunderts Bd. 1. S. 210 ff.

[323]

Ein bezeichnendes Beispiel dazu ist seine »lächerliche Nachahmung des Winckelmannischen Enthusiasmus bei der Bewunderung der Venus Kallipygos!« (Lessing, Entwürfe zur Fortsetzung der Briefe antiquarischen Inhalts

Nr. XCV; W. Bd. 13. Hempel.)

[324]

Prutz in Raumers Historischen Taschenbuch 1850. S. 662.

[325]

S. 284 f. Nr. 43. den 29. Mai 1772.

[326]

S. 670 f. Nr. 101. den 18. Dezember 1772.

[327]

W. Bd. 4. S. 3 ff. vergl. Haym, Herder u.s.w. Berlin 1880. Bd. 1. S. 248 ff.

[328]

S. 297 f. N. 45. den 5. Juni 1772; vergl. Scherer S. LXXXI.

[329]

Ebeling a.a.O. S. 402.—E. Schmidt in d. Allgem. Deutschen Biographie.

[330]

D.W. T. 3. B. 14. W. Bd. 28. S. 294 ff.

[331]

D.W. T. 3. B. 13. W. Bd. 28. S. 186.

[332]

Vergl. Kawerau a.a.O. S. 17.

[333]

K. Fr. Bahrdt, Geschichte seines Lebens u.s.w. 1. 387.

[334]

a.a.O. 2. 7.

[335]

Vergl. v. Gehrens Artikel bei Ersch und Gruber u. besonders
Erhards Anmerkung über die Erfurter Zeit.

[336]

Bahrdt, Gesch. s. Lebens u.s.w. Bd. 2. S. 32.

[337]

a.a.O. S. 182 f.

[338]

Br. an Bahrdt. 1. 168 f. Vergl. Scherers Einl. zu Seufferts
Neudruck der F.G.A. S. XLVIII ff.

[339]

S. 29 ff. N. 5 d. 17. Januar 1772.

[340]

a.a.O. S. XLIX.

[341]

a. a. O. S. XVII.

[342]

N. 49 den 19. Juni 1772.

[343]

Scherer S. LXXXII denkt an Herder; vergl. Minor Studien
110 f. Steig in der Vjschr. f. Litteraturgesch. 5. 223 weist sie
dagegen Herder nicht zu.

[344]

a.a.O. S. 319. Z. 32 ff.

[345]

Leben 2. S. 244; über den Jahrgang 1773 der F.G.A. vergl. Scherer a.a.O. S. LXXIV.

[346]

Frank in Raumers Histor. Taschenbuche 1866. S. 232.

[347]

Briefe an B. 2. 157 f. 172.

[348]

Vergl. auch Lebensgesch. 2. S. 149.

[349]

D.j.G. 2. 380 ff.; vergl. D.W. T. 3. B. 13. W. 28. S. 236.

[350]

Aus Goethes Frühzeit, S. 34 f.; dazu F.G.A. S. XXX. Der Marktschreier ist dann aber Deinet, nicht aber der Gießener Schmid, der nur unter der Maske des Wagenschmiermanns zu suchen ist.

[351]

D.W. T. 3. B. 14. W. 28. S 258.

[352]

a.a.O. B. 13. Daß ihn Goethes Angriff empfindlich getroffen und er ihn auch so bald nicht vergaß, beweisen die Bemerkung in seiner Allgem. Theolog. Bibliothek II. 323 und die später entworfene Charakteristik Goethes im

Kirchen- u. Ketzeralmanach aufs Jahr 1781; vergl. Frank a.a.O. S. 238. 287.

[353]

Daß er ihn nicht so bald verlernt habe, bezeugt er selbst in seiner Lebensgeschichte 2 S, 12 f.

[354]

Vergl. die V. 1232 f. = 3540 f. der Gretchentragödie:

> Sie fühlt, daß ich ganz sicher ein Genie,
> Vielleicht wohl gar ein Teufel bin.

[355]

Man beachte überhaupt die Ähnlichkeit des Prologs mit der Schülerscene in der äußeren Anlage: Besuch bei einem Professor.

[356]

Br. an Bahrdt 2, S. 167. 169.

[357]

D.W. T. 2. B. 6. W. 29. S. 41 f.

[358]

a.a.O. S. 42.

[359]

Br. 1. No. 4; den 13. Oktober 1765. Nachschrift. S. 11. Z. 5 ff.

[360]

a.a.O. N. 6. S. 14. Z. 17 ff. und No. 7. S. 17. Z. 14 ff.

[361]

F.G.A.N. 101, den 18. Dezember 1772. S. 667. Z. 31 ff.

[362]

Vergl. das Gedicht Elysium an Uranien: (D.j.G. 2. 22 ff.) Uns gaben die Götter Auf Erden Elysium. Dazu seinen Schluß: Ach, warum nur Elysium!—Daß die Poesie des j.G. nicht allzusehr in Empfindsamkeit zerfloß, dafür sorgte schon Shakespeares gewaltige Erscheinung. Man lese nur den Schluß der Shakespeare-Rede! (a.a.O. 2. 43.)

[363]

Vergl. Haym, Herder 1. 577. Mit dem ganzen Menschen zu wirken, zu leiden, zu genießen—dieser Drang war in tieferen Geistern wie Hamann, erwacht. Er machte sich in der Dichtung des jungen Goethe in ergreifenden Offenbarungen Luft.

[364]

F.G.A. N. 78 vom 29. September 1772. S. 517. Z. 15 ff. vergl. Scherer S. LXXXIX.

[365]

a.a.O. N. 104 vom 29. Dez. S. 688 oben. Vergl. Scherer S. XC.

[366]

D.W. T. 3. B. 11. W. 28. S. 9. f.

[367]

a.a.O. B 15. W. 28. S. 338 f.

[368]

Vergl. z.B. Schubarth, Über Goethes F. Berlin 1830. S. 228.

[369]

Erweitern ist ein charakteristischer Lieblingsausdruck des jungen Goethe der Jahre 1771-1775; z.B. d.j.G. 2. 40. (zum Shakespearetag): »ich fühlte aufs lebhafteste meine Existenz um eine Unendlichkeit erweitert;« a.a.O. 3. 419 (Klavigo). Möge deine Seele sich erweitern—ähnlich ebenda 377 oben; 3. 305 (Werther) s. Geist zu erweitern; 3. 449 (Prometheus): »Vermögt ihr mich auszudehnen, erweitern zu einer Welt.« (Vergl. dazu F. G. A. S. 518. Z. 2. in einer offenbar Goethischen Rezension: Das Ausdehnen der eignen Existenz —)—Br. 2. N. 266. S. 212 unten (v. 5. Dez. 1774.): »und dieses enge Dasein hier zur Ewigkeit erweitern«. (Vergl. auch die ähnlichen Wendungen Br. 2. N. 88. S. 173. 15 f. d.j.G. 3. 162. Könnt ich doch ausgefüllt einmal u.s.w.)

[370]

So wandte man sich in jener fordernden Epoche schließlich an das Genie, »das durch seine magische Gabe den Streit schlichten und die Forderungen leisten würde«. (D.W. T. 3. B. 15. W. 28. S. 340.)

[371]

Vergl. Br. 2. N. 266 v. 5. Dez. 1774 S. 212:

> Ich zittre nur, ich stottre nur,
> Ich kann es doch nicht lassen,
> Ich fühl, ich kenne dich, Natur,
> Und so muß ich dich fassen.

[372]

D.W. T. 3. B. 11. W. 28. S. 7.

[373]

a.a.O. S. 360.

[374]

Br. 1. No. 6 den 21. Oktober 1765. S. 14 Z. 15. D.W. T. 2. B. 6.
W. 27. S. 53.

[375]

v.d.H. S. 40 (Lavater I. 21. 17-19.). Dieser Satz steht in einer
der Zugaben, die Goethe nach v.d. Hellen am 23. Januar
1775 abschickte, (a.a.O. S. 28.)

[376]

D.W. a.a.O. S. 53.

[377]

S. schon das Leipziger Gedicht: Die Freuden (d.j.G. 1. 103),
dazu Br. 1. N. 63 v. 14. Juli 1770. S. 239. 33 ff.—D.W. T. 1. B.
4 W. 26. S. 187. Da ja selbst Naturforscher öfter durch
Trennen und Sondern als durch Vereinigen und
Verknüpfen, mehr durch Töten als Beleben sich zu
unterrichten glauben.

[378]

D.j.G. 2. 206.

[379]

a.a.O. 3. 694. (Gebet.)

[380]

In der lebendigen Natur geschieht nichts, was nicht in einer
Verbindung mit dem Ganzen steht, — — —es ist nur die
Frage: Wie finden wir die Verbindung dieser Phänomene,
dieser Begebenheiten? (Der Versuch als Vermittler von
Objekt und Subjekt. 1773. Hempel, W. 34. S. 70.)

[381]

Mit schließlicher Beziehung auf die alte Lesart im F. an

unserer Stelle sprach sich G. später also aus: Unsre
Naturforscher lieben ein wenig das Ausführliche. Sie zählen
uns den ganzen Bestand der Natur in lauter besonderen
Teilen zu und haben glücklich für jeden besonderen Teil
auch einen besonderen Namen. Das ist Thonerde, das ist
Kieselerde! Das ist dies und das ist das! Was bin ich aber nun
dadurch gebessert, wenn ich auch alle Benennungen
innehabe? Mir fällt immer, wenn ich dergleichen höre, die
alte Lesart aus F. ein: Encheiresin u.s.w. Was helfen mir
denn die Teile? was die Namen? Wissen will ich, was jeden
einzelnen Teil so hoch begeistigt, daß er den andren
aufsucht, ihm entweder dient oder ihn beherrscht, je
nachdem das allem ein- und aufgeborene Vernunftgesetz den
zu dieser, den zu jener Rolle befähigt. Aber gerade in diesem
Punkte herrscht überall das tiefste Stillschweigen.

[382]

W. 1. 255.

[383]

Br. vom 21. Januar 1832 an Wackenroder. (Müller, Goethes
letzte litterarische Thätigkeit. S. VIII.)

[384]

Vergl. Hamann W. 4. 27: Ja wißt ihr endlich nicht,
Philosophen, daß es kein physisches Band zwischen
Ursache und Wirkung, Mittel und Absicht gibt, sondern
nur ein geistiges, nämlich des Köhlerglaubens?—(S. auch
Herder W. 6. 202 f. 266 f.)

[385]

F.G.A. S. 580. Z. 25 ff. u. S. 666 oben.

[386]

D.j.G. 2. 231.

[387]

Den verfluchten Mechanismus unsrer mit aller Macht neuen Philosophie, wie es Hamann nennt. (W. 1. 413.)—»Allein— heißt es in einer gewiß Goethischen Rezension, die wir schon oben anziehen konnten—man muß nicht durch das System, und hätte mans auch selbst gemacht, sondern mit bloßen, leiblichen Augen in den Menschen sehen.« (F.G.S. 517. Z. 9. ff.—»Systemateley« bildet er weiter unten dafür; vergl. Scherer S. LXXXIX.) Ebenso spricht auch wohl Goethe S. 521. Z. 21 f.: Er müßte wissen, daß die Natur zu allen Systemen zum Voraus Nein gesagt———(s. Scherer S. LXXXIX). In der Baukunst (D.j.G. 2. 297.) spottet er über die Atmosphäre des Systems; vergl. auch a.a.O. S. 124. Z. 3 f.—

[388]

Zu dem vom Dichter gebrauchten Bilde, vergl. a.a.O. S. 224: —es mag den Jüngern dabei der Kopf gedreht haben, wie selbigen ganzen Abend, denn sie verstunden nicht eine Silbe von dem, was der Herr sagte.

[389]

Das Fragment hat hier bereits bezeichnender Weise geändert, da damals die Satire auf akademische Verhältnisse für den Dichter in den Hintergrund getreten war.—In den F.G.A. S. 482 (Schreiben über den Homer N. 73) spricht G. von dem unbedeutendem Tone Professorlicher Tugendlichkeit. Man beachte auch, wie in dieser Rezension der Professortitel spottend wiederholt wird. (S. 481. Z. 8. 28, 482. Z. 5, 10, 16. 483. Z. 6.)

[390]

Zu V. 415. 416 = 2021. 2022 vergl. den ähnlichen Rat für

Faust: (V. 2062; zuerst im Fragment V. 541.) Sobald du dir vertraust, sobald weißt du zu leben; s. auch Paralip. 9. W. 14. 289.—Zu V. 411. 412 = 2017. 2018: »Doch der den Augenblick ergreift, daß ist der rechte Mann.« Vergl. v.d.H. S. 188. Lavater II. 254. 12 über Scipio: Unbeweglich in seinen Verhältnissen ist der Mann, stets den Augenblick ergreifend, u.s.w. (Dazu v. d. Hellen S. 186 und Br. 2. N. 354 an Lavater vom 8. September 1775. S. 286. Z. 19.)

[391]

a.a.O. S. 614. Z. 34 ff. vergl. Scherer XC.—S. auch Herder zu Dalbergs Betrachtungen über das Universum: Eben die Kontrarietät im Menschen ist das Siegel Gottes in unserer Natur, der Baum der Erkenntnis Gutes und Böses in einen ewigen Baum des Lebens verwandelt. (Hempel W. Bd. 17. S. 462.)

[392]

a.a.O. S. 554. Z. 24 ff. 555. Z. 2 ff.

[393]

a.a.O. S. 672. Z. 8 ff.; vergl. Scherer S. LXXXVII.

[394]

a.a.O. S. 665. Z. 25 ff.; vergl. auch Br. 2. N. 180 an Rüderer, Herbst 1773. S. 120. Z. 15 f.—Dazu Haym, Herder, Bd. 1. 499 f.

[395]

Vergl. Herder zu Dalbergs Betrachtungen über das Universum: (Hempel Bd. 17. S. 460) alle Philosophie also, die von sich anfängt und mit sich aufhört, ist von ihrer Muhme, der Schlange.

[396]

Das verkennt z.B. Düntzer, Deutsche Nationallitteratur Bd. 93. Goethes Werke XII. S. 83.

[397]

Auch in seinem Götz hat z.B. der junge Dichter dem Jugendlichen in sich selbst Ausdruck verliehen, indem er den Haupthelden jugendliche Nebenpersonen zur Seite gab. (Georg u. Franz.)

[398]

W. Bd. 14. S. 287. (Paralip. 1.)

[399]

Vjschr. f. Litt.-gesch. 4. 336 f.

[400]

W. Bd. 11. 103 ff.

[401]

Man vergleiche auch, wie in den Biblischen Fragen Vater und Sohn einander gegenüberstehen, und wie der erstere den sehr selbstbewußten Sohn, der eben von der Universität zurückgekommen ist, in ähnlicher Weise zu belehren sucht. (D.j.G. 2. 231.)

[402]

Man vergl. Erwins Verkleidung als Eremit in Erwin u. Elmire, den Krugantino in Klaudine von Villa Bella und die Vermummung des Hauptmanns im Pater Brey.

[403]

Vjschr. f. Litt.-gesch. 4. 317 ff.

[404]

Gespr. Bd. 7. S. 10.

[405]

339. 340 = 1902. 1903, aber seit dem Fragment an andrer Stelle.

[406]

a.a.O. S. 322.

[407]

Vergl. Pniowers Einwand a.a.O. S. 323.

[408]

V. 1904 ff.:

> Ich bin dabei mit Seel und Leib
> Doch freilich würde mir behagen
> Ein wenig Freiheit und Zeitvertreib
> An schönen Sommerfeiertagen.

[409]

V. 1909.

[410]

Pniower a.a.O. S. 326 meint V. 317 ff. sei die Ausdrucksweise so unklar, daß die Interpretation der Worte auf nicht geringe Schwierigkeiten stoße. M. aber, der den studentischen Tisch im Gegensatz zu der Mutter Tisch spottend beschreibt, will mit den Versen »Hammel und Kalb küren ohne End, als wie unsers Herr Gotts Firmament«, doch nur sagen, der Student müsse sich Hammel- und Kalbfleisch so endlos wählen, wie auch das Himmelsgewölbe es sei.

[411]

a.a.O. S. 327.

[412]

In Götz (A.) ist es in 16 Fällen, in G. (B.) aber über 40 mal ausgelassen; denn gerade seit 1773 schöpft G. mehr als je aus der Sprache des Volks und des 16. Jahrhunderts.

[413]

a.a.O. S. 332 f. — Es geschieht seiner offenbar Erwähnung in dem Br. an B. Jakobi v. 29. Nov. 1773 (2 N. 187. S. 128. Z. 4 ff.) »Auf Faßnacht könnts anmarschieren« — meint der Dichter; dasselbe in dem Sylvesterbrief an B. Jacobi (2. N. 197. S. 138. Z. 9). Im März 1774 ist aber das versprochene Fastnachtstück immer noch nicht fertig (Br. 2. N. 213 an J. Fahlmer S. 153. Z. 5 ff.); auch schließlich auf Ostern noch nicht; s. Br. 2. N. 215. S. 154. Z. 13 ff. u. N. 217. S. 158. Z. 16 ff. So erhielt das Stück schließlich die Bezeichnung: Ein Fastnachtsspiel auch wohl zu tragieren nach Ostern u.s.w.. G. überließ es bekanntlich Klinger mit den übrigen Farcen des Neueröffneten moralisch-politischen Puppenspiels zur Veröffentlichung.

[414]

Was auch Pniower S. 333 annimmt; s. dagegen Düntzer, Neue Beiträge z. Goetheforschung. 1891. S. 199 ff.

[415]

Gegen Pniower a.a.O. S. 225.

[416]

D.j.G. 3. 180.

[417]

a.a.O. 3. 494 ff.

[418]

S. Abeken, Goethe in den Jahren 1771-1775. S. 270 f.

[419]

D.j.G. 2. 212.

[420]

Br. 2. N. 348. S. 282. Z. 12 ff.

[421]

Gespr. 2. 76.

[422]

Vjschr. f. Litt.-gesch. 4. 339.

[423]

Aber nicht nur stehen diese beiden mit einander in innerem Zusammenhang, sondern sie spinnen auch den Faden, weiter, der sich bereits durch die erste Hauptmasse zieht. Faust d.h. der geniale, hochstrebende Mensch gerät mit seinem *Lebens- und Schaffensdrang* in Widerstreit mit den Schranken seiner Natur; er begehrt von jenem erfüllt das Unmögliche und wird überall abgewiesen. In den beiden folgenden Scenen kämpft nun der schöpferische Geist des Dichters, den er nicht nur Faust, sondern sogar dem *Teufel* gegeben hat, gegen das Unschöpferische, Unfruchthare, Leblose an. Dem gleichen Geiste sind demnach die erste Hauptmasse und die Wagner- und Schülerscene entsprungen. Wir drücken den Kern ihres Inhalts so aus: Das Schöpferische im Menschen d.h. das Göttliche im Widerstreit mit den Grenzen seiner menschlichen Natur (1. Monolog u. Erdgeistscene; vergl. auch Werther.)—Das Schöpferische im Kampf mit dem Unschöpferischen, das, insofern es anmaßlich alles erfüllt, dem Genialen auch eine

Art Schranke errichtet, die es zwar mit leichter Mühe niederreißt, die aber ebenso rasch wieder hergestellt wird. (Wagner- u. Schülerscene.)

[424]

Seuffert a.a.O. S. 342.

[425]

Treffend bemerkt Schiller in dem Br. vom 26. Juni 1797: »Der Teufel behält durch seinen Realism vor dem Verstand, und der Faust vor dem Herzen recht.« Darauf Goethe am nächsten Tage: »So werden wohl Verstand und Vernunft, wie zwei Klopffechter, sich grimmig herumschlagen, um abends zusammen freundschaftlich auszuruhen.«—Man vergl. auch Hebbels Wort: Gott teilt sich nur dem Gefühl, nicht dem Verstande mit; dieser ist sein Widersacher, weil er ihn nicht erfassen kann. Das weist dem Verstande den Rang an. (Tagebücher 1. S. 109.)

[426]

Auf eine ursprüngliche Verbindung zwischen Erdgeist und Teufel hat bekanntlich zuerst Ch. H. Weiße, Kritik und Erläuterung des Goetheschen Faust, Leipzig 1837. S. 86 ff. aufmerksam gemacht; er zog aber bereits den falschen Schluß, dem Erdgeist sei eine wiederholte Erscheinung und überhaupt eine wesentlichere Rolle zugedacht gewesen.

[427]

Vergl. G. J. 3. 341.

[428]

Vergl. z.B. K. Fischer, Goethes Faust (3. Aufl.) Bd. 2. S. 28.

[429]

Br. 2. N. 335. S. 292. Z. 23 ff.

[430]

D.j.G. 3. 189.

[431]

a.a.O. S. 190.

[432]

S. 191.—Vergl. auch Pniower, Zwei Probleme des Urfaust, Vjschr. f. Littgesch. 3. 149.

[433]

D.W. T. 3. 15. W. 28. S. 315 ff.

[434]

Vergl. Br. 2, N. 273 vom 28. Dez. 1774; N. 278 vom 13. Jan. 1775; N. 320 vom 14. April; auch N. 328 vom 3. Mai; N. 334 vom 4. Juni; N. 342 vom 1. Aug. und schließlich N. 361 Mitte Oktober 1775 mit der Meldung seiner Ankunft.

[435]

D.W. T. 3. B. 15, W. 28. S. 322 oben.

[436]

Vergl. das Volksbuch von 1587 Neudruck S. 185.—Diese Rolle ist ihm übrigens bereits im Fragment als seiner nicht würdig wieder genommen.

[437]

Vergl. den Weinrebenzauber Vjschr. f. Littgesch. 1. 470. u. Schröer in seiner Ausgabe 1. 143.

[438]

Volksbuch von 1587. Neudruck S. 130; V. des christl. Meinenden Neudr. S. 15.

[439]

Vjschr. f. Littgesch. 2. 160.

[440]

Briefe an u. von Merck (Wagner 2. 123.)

[441]

Br. 2. N. 343 vom 3. August 1775. S. 273. Z. 16 ff.

[442]

Vergl. Br. 2. N. 340 vom 25. Juli; N. 343 vom 3. August; N. 355 vom 14.-19. Sept. 1775.

[443]

D.W. T. 4. B. 19. W. Bd. 29. S. 158. Sie begann am 10. September.

[444]

D.W. T. 4. B. 19. W. Bd. 29. S. 159 unten.—Vergl. auch das Schema zu B. 17. a.a.O. S. 213, in dem G. das Gedicht in die Zeit der Michaelismesse setzt; dagegen früher v. Loeper Anm. 730 zu D.W. und in der Ausgabe der Gedichte 2. 335, der sich, ehe aber noch jenes Schema bekannt geworden war, für die Zeit der Ostermesse entschieden hatte.

[445]

Vergl. z.B. K. Fischer, Goethes Faust nach seiner Entstehung u.s.w. 2. Aufl. 1887. S. 241 ff.

[446]

In seiner Ausgabe des ältesten F. S. XXIII; ebenso Pniower Vjschr. f. Littgesch. 2. 147.

[447]

Tageb. Bd. 1. S. 1.

[448]

Düntzers Erklärung der Stelle, es sei an die Steigerung zu dreihundertfaltiger Kraft des Trinkers zu denken, wird wohl niemand beitreten wollen. (Ztschr. f. d. Phil. Bd. 21. 1889. S 374.)

[449]

a.a.O. S. 4. Z. 17. Daß es der Erde so sauwohl und so weh ist zugleich; (wozu man die edlere Fassung dieses Gedankens in dem zweiten, Ende 1775 geschriebenen, Teil des ewigen Judens d.j.G. 3. 411. vergleiche:

> Fühlt, wie das reinste Glück der Welt
> Schon eine Ahnung von Weh enthält.)

S. 6. Z. 23. Sauwohl u. Projekte.

[450]

D.W. T. 4. B. 18. W. Bd. 29. S. 103 ff.

[451]

Tageb. 1. S. 5. Z. 10 u. D.W. a.a.O. S. 117.

[452]

D.W. a.a.O. S. 95.

[453]

a.a.O. S. 94;—auch in den Br. 2. N 340. S. 270. Z. 12 ff. N. 343. S. 273. Z. 13 ff. 274. Z. 14 ff.

[454]

a.a.O. N. 358. S. 298.

[455]

D.W. a.a.O. S. 95.

[456]

Bezieht sich vielleicht darauf, die Stelle in dem Brief v. 4. Okt. a.a.O. S. 398. S. 4 ff.: Ich hab euch drei dramatisiert. Gr. Christian Truchseß, Gr. Leopold und Junker Kurt. Wo ihr auf dem großen Krönungssaal zu Frankfurt in naturalibus hingestellt sind. (?!)]

[457]

Vergl. D.W. T. 3. B. 12. W. Bd. 28. S. 170: »Denn wie es angeborene Antipathien gibt, so wie gewisse Menschen die Katzen nicht leiden können, anderen dieses oder jenes in der Seele zuwider ist, so war Merck ein Todfeind aller akademischen Bürger, die sich nun freilich zu jener Zeit in Gießen in der tiefsten Rohheit gefielen. Mir waren sie ganz recht: ich hätte sie wohl auch als Masken in einem meiner Fastnachtsspiele brauchen können, aber ihm verdarb ihr Anblick bei Tage und des Nachts ihr Gebrüll jede Art von gutem Humor.«

[458]

S. Pniower. Vjschr. f. Littgesch. 2. S. 146 ff. — K. Fischer. Goethes Faust (3. Aufl.) Bd. 2. S. 48.

www.ingramcontent.com/pod-product-compliance
Lightning Source LLC
Chambersburg PA
CBHW020611030726
47497CB00007B/2180